僕たちは まだ、総理大臣 の…を …らない。

著・監修 長谷部京子
構成 木平木綿

Gakken

もくじ
contents

●総理のまめ知識

●歴代総理大臣年表

［補足］

＊本書でインタビューを掲載している政治家の方々の人選は、特定の政党、思想、信条を殊更アピールするためのものではありません。

＊本書に掲載している政治家の方々のインタビュー内容は、各政治家の方々の信条、信念であり、弊社および本書の立場を示すものではありません。

＊本書に掲載しているインタビューは、本書監修者の主宰する教室の体験学習の一環として、教室に通う子どもたちによって行われたものを、再構成したものです。

＊各政治家の方々への取材は、下記の順で、それぞれ記載の時期に行われました。
（野田佳彦氏：2018/10/1、石破茂氏：2018/11/6、細川護熙氏：2018/11/21、
小泉純一郎氏：2018/12/6、村山富市氏：2018/12/7、枝野幸男氏：2018/12/19、
城内実氏：2019/01/29、玉木雄一郎氏：2019/1/31）

［スタッフ］

インタビュアー／島田恵太朗、荒谷蓮、益山侑大、本杉友乃、木村千穂、牛場龍之介
表紙イラスト／酒井以
マンガ・本文イラスト／糸貫律
図解イラスト／田渕正敏
ブックデザイン／大野虹太郎（ragtime）
編集／宿里理恵
編集協力／(株)エディポック、深谷美智子（le pont）、相原彩乃、北村有紀、黒澤鮎見、舘野千加子、
原郷真里子、藤巻志帆佳、小林夕里子、塚本哲生
DTP／四国写研

未来の子どもと
現代の子どもが
出会い、
物語が始まる

僕《ぼく》は宙《そら》
宙《そら》〜!
朝《あさ》よ〜
学校《がっこう》遅《おく》れるよ〜
西暦《せいれき》2100年《ねん》、君《きみ》たちから見《み》て未来《みらい》の日本《にほん》に住《す》んでる
うーん
こいつ、シエルは、僕《ぼく》のサポートロボット略《りゃく》して、サポロボ
ジタバタ
7:45
だめ〜!! すぐに起《お》きて! 学校《がっこう》遅《おく》れる〜!
Book
もうちょっとで起《お》きるから〜
シエル、音声《おんせい》シャットダウン
ダメ〜!!
君《きみ》たちの時代《じだい》のスマホみたいなものだ スマホと違《ちが》うのは…
パクパク
7:46
サポートロボットは、大事《だいじ》な友《とも》だちでもあるってこと
スヤァ…

僕《ぼく》の暮《く》らすこの社会《しゃかい》では、政治《せいじ》のほとんどを、AI《エーアイ》が担《にな》っている
朝のニュース
〈宙君のパーソナルニュース〉
本日登校日
Robot大会せまる
GPをかせごう!!
ピヨの助キャスター
巨大な中央サーバー データウィザード
AI《エーアイ》は、つねに正確《せいかく》だ
ひたすらデータを分析《ぶんせき》し、最適《さいてき》な政策《せいさく》を導《みちび》き出す
宙！いいかげん起《お》きて！
今日《きょう》は体育《たいいく》があるから、学校《がっこう》へ行《い》く日《ひ》よ！
ヴォンッ
ガバァ
あ〜〜、そうだ！体育《たいいく》!!
今日《きょう》はテレ授業《じゅぎょう》じゃないじゃん！
早《はや》く言《い》ってよシエル!!
……
……
あ、音声《おんせい》を切《き》ってたんだしゃべっていいよ
パク
パク
遅刻
20分後《ぷんご》に出発《しゅっぱつ》しないと遅刻《ちこく》！
遅刻

この世界《せかい》は、平和《へいわ》で豊《ゆた》かないい社会《しゃかい》だと思《おも》う
行《い》ってきまーす!
宙《そら》! バッジ忘《わす》れてる! ちゃんと身《み》に着《つ》けておかないと!!
あ……
あなた、もうBP13点《てん》なんだから、気《き》をつけてよ!
はーい…
そしてこれは、G《ジー》係数《けいすう》バッジ
G《ジー》係数《けいすう》とは、AI《エーアイ》が政策《せいさく》を判断《はんだん》するもとになる指数《しすう》
人物《じんぶつ》を評価《ひょうか》する指数《しすう》でもある
勉強《べんきょう》でも運動《うんどう》でも、なんでもがんばったら、GP(グッドポイント)がもらえるんだ
70GP
45
6BP
58 GP
30 GP
15GP
70GP
45

反対《はんたい》に、よくない行《おこな》いには、BP（バッドポイント）がつく
BPは、段階《だんかい》ごとに罰金《ばっきん》や罰則《ばっそく》があって
補習
BP
BPがたまると、僕《ぼく》たち子《こ》どもには補習《ほしゅう》が待《ま》っている
宙《そら》……今日《きょう》遅刻《ちこく》したらBP15点《てん》。補習《ほしゅう》だよ！
BP、BP…
Book
このバッジで、僕《ぼく》のなにがわかるんだよ
Book
GPをもらうために、いい子《こ》でいるなんて…
それって、意味《いみ》あるの？
Book
…
また宙《そら》の屁理屈《へりくつ》がはじまった！
Book

とにかくBPがあと2点《てん》で補習《ほしゅう》なんだから絶対《ぜったい》に遅刻《ちこく》しないようにね
はいはい…
困ったわー…
ピ
ERROR525
ピー
ピー
ピー
あのおばあさん、なんか困《こま》ってそう
ロボカーからエラーがでてるね。故障《こしょう》みたい
これ、すぐ直《なお》るよ
おばあさん、それ直《なお》そうか?
今《いま》、修理《しゅうり》を呼《よ》んだから大丈夫《だいじょうぶ》よ
ギョッ
でも修理《しゅうり》到着《とうちゃく》まで2時間《じかん》ってでてるよ
ピコン
ピコン
到着まで残り2時間
そんなに?
病院《びょういん》の受付《うけつけ》に、間《ま》に合《あ》わないわねぇ

こんなの、5分《ふん》で直《なお》せるよ
まかせて！
ちょっと宙《そら》！遅刻《ちこく》！
だってほっとけないだろ！
5分
5分
宙ァ……
Book
20分《ぷん》経過《けいか》
起動します
ウィ……
よし！修理《しゅうり》完了《かんりょう》！
パン
パン
ありがとう助《たす》かったわ！
ありがとう
ぜひあなたを、GPに推薦《すいせん》させて
この子にバッジを読ませてあげて
えっ
いいよ。おばあさんが喜《よろこ》んでくれたらそれで十分《じゅうぶん》！
遅刻《ちこく》しちゃうから、行《い》くね～
ピュ～

宙《そら》ったら！
バカだなぁ
せめて推薦《すいせん》をもらえばよかったのにさ
あーあ…
いいんだよ。GPのために助《たす》けたわけじゃないから
だけど宙《そら》、もう遅刻決定《ちこくけってい》BP15点確定《てんかくてい》！
警告：登校時間を過ぎています
超時空《ちょうじくう》の補習《ほしゅう》が来《く》るよ……
えっ！
ピコーン
こちらは、青少年管理局《せいしょうねんかんりきょく》です
今《いま》あなたに、補習《ほしゅう》クエストが課《か》せられました。
補習者《ほしゅうしゃ》に時空旅券《じくうりょけん》平成《へいせい》～令和《れいわ》を発行《はっこう》します。
補習者《ほしゅうしゃ》のサポロボは、ただちにタイムワープを実行後《じっこうご》
現地《げんち》にてすみやかに補習《ほしゅう》を開始《かいし》してください
え～～～……

ピカッ
わ〜
現代日本《げんだいにほん》──
お兄《にい》ちゃん、あれ、国会議事堂《こっかいぎじどう》！
左《ひだり》が衆議院《しゅうぎいん》、右《みぎ》が参議院《さんぎいん》だよ！
明治時代《めいじじだい》に計画《けいかく》されて昭和《しょうわ》11年《ねん》──1936年《ねん》に完成《かんせい》しました！
へー…
国権《こっけん》の最高機関《さいこうきかん》で、唯一《ゆいいつ》の立法機関《りっぽうきかん》なのです！
ふーん…で、海珠先生《うみせんせい》、「コッケン」って、何《なん》ですか〜？
わかりませーん！

知《し》らないで説明《せつめい》してんのかよー
わかんないから、調《しら》べに来《き》てるんでしょ！
夏休《なつやす》みの自由研究《じゆうけんきゅう》、もっと簡単《かんたん》な題材《だいざい》にすればよかっただろ
庭の虫とかさぁ
だって、国会《こっかい》に興味《きょうみ》がわいたんだもん！
プー
せっかくの夏休《なつやす》みに妹《いもうと》の付《つ》き添《そ》いをさせられる、兄《あに》の身《み》にもなれ！
お兄《にい》ちゃん！4年《ねん》たったら選挙権《せんきょけん》がもらえるんでしょ！
そろそろ、国会《こっかい》のことくらい知《し》っておきなよね
今日は議事堂参観をします!!
ハイハイ
それ面白いの？
国会議事堂見学《こっかいぎじどうけんがく》で、「国会《こっかい》」が理解《りかい》できるのかよ？

たぶんね……
国会議事堂《こっかいぎじどう》が左右対称《さゆうたいしょう》の造《つく》りになってる秘密《ひみつ》がわかるかもよ!?
衆議院《しゅうぎいん》と参議院《さんぎいん》の二院制《にいんせい》だからだろ
二院制《にいんせい》？お兄《にい》ちゃん、答《こた》えを知《し》ってるの？
議会《ぎかい》が二《ふた》つあるってこと
それに、国会議員《こっかいぎいん》の人《ひと》に会《あ》えるかもしれないよ！
総理大臣《そうりだいじん》がいるかも！
会《あ》えるわけないだろ!?
バサッ
バサッ
お兄《にい》ちゃんっ！
荷物検査《にもつけんさ》があるから、早《はや》めに受付《うけつけ》に行《い》かなくっちゃ!!
あっハイ

ジーーッ…
バササ…
ドサーッ
プハッ
飛《と》ばされたぁ…
令和《れいわ》時代《じだい》の日本《にほん》に到着《とうちゃく》!
BOOK
「平成《へいせい》〜令和《れいわ》の政治《せいじ》を支《ささ》えたものを知《し》る」……が、テーマだって
ムズカシソウ…
補習テーマ
SORA
平成〜令和の政治を支えたものを知る

何《なに》からはじめたら いいのか、さっぱりわからないよ
この時代《じだい》に飛《と》ばされたのも、何《なに》か意味《いみ》があるはずだよ
とりあえず、探検《たんけん》してみるか！
見《み》てあれ、国会議事堂《こっかいぎじどう》
ネットで見《み》たやつだ！
一見《いっけん》、平和《へいわ》に見《み》えるけどね……
でも、この頃《ころ》、難《むずか》しい問題《もんだい》がいろいろあったんだって
この頃《ころ》は、人間《にんげん》が政治《せいじ》をしていたんだよね
難《むずか》しい問題《もんだい》に取《と》り組《く》んだのは、どんな人《ひと》たちなんだろう？

「どんな人《ひと》」？
政治家《せいじか》だよ
？
ともかく、第一《だいいち》クエストを開始《かいし》しちゃお
クエスト（1）兄妹に合流せよ
現在地からの距離 460m
兄妹《きょうだい》と合流《ごうりゅう》…？
クエスト(1) 兄妹と合流せよ
この兄妹《きょうだい》が、政治家《せいじか》なのかな？
それはないと思《おも》うよ…
とにかく探《さが》してみよう
それじゃ補習《ほしゅう》クエスト開始《かいし》だ！
まだかよ海《う》珠《み》ーー……

受付が正門の反対側《はんたいがわ》とはな……
ふつう正面《しょうめん》だと思《おも》うよ……
この先《さき》に、衆議院《しゅうぎいん》と参議院《さんぎいん》の参観受付《さんかんうけつけ》があるはず
ウーム
あの二人《ふたり》じゃない？
うん、間違《まちが》いなさそう！
よし!!
あの〜！ちょっとすみませ——
えっ!?

ビュンッ!!
ーんっ
わっ
さっきのカラス?
お兄ちゃん!!
シェル 行け!!
まっかせとけーっ
ピピピ

ギャッ
バサバサ
シエル!!
シュ
大丈夫《だいじょうぶ》。電気針《でんきばり》で気絶《きぜつ》してるだけだから
えっ?
え?
は?
シエル、このカラス……
えっ! なんで、ハリネズミが、しゃべってるの!?

僕《ぼく》は、ロボットだからだよ!
えっ、全然《ぜんぜん》意味《いみ》がわからない……
ゆっくり説明《せつめい》したいけど、このカラスが目《め》を覚《さ》ましちゃう
死《し》んでないの?
ペロリ
うん、このカラスもロボットだから
ロボット?
こんな高性能《こうせいのう》なロボット、あるわけないよ
目覚《めざ》める前《まえ》に未来《みらい》に転送《てんそう》しちゃおう
キュルルルル…
フッ
転送完了《てんそうかんりょう》!
消《き》えた!

どうなってんだ?
ぼくは宙《そら》、未来《みらい》から来《き》たんだ!
とりあえず自己紹介
ハロー
こちらは、僕《ぼく》のサポートロボットのシエル
この時代《じだい》でいうと、スマホみたいなものかな?
ちょっとしたタイムマシン機能《きのう》もあるんだ
ここスイッチ
時空旅券《じくうりょけん》がないと人間《にんげん》のタイムワープはできないけどね!
えっ……と……
ごめん、さっぱりわかんない…
まぁとにかく、君《きみ》たちを探《さが》してたんだ
「君《きみ》たちと合流《ごうりゅう》しろ」っていう指令《しれい》がきたんだよ

僕《ぼく》らと合流《ごうりゅう》……？

うん！二人《ふたり》を探《さが》して合流《ごうりゅう》せよってクエストなんだ。君《きみ》たちと一緒《いっしょ》にどこか目的地《もくてきち》へ行《い》けってことかも？

目的地《もくてきち》……？

あ、国会議事堂《こっかいぎじどう》参観《さんかん》……

あ……

何《なに》、それ？

僕《ぼく》ら、国会議事堂《こっかいぎじどう》を見学《けんがく》しにきたんだ
へ～、国会議事堂《こっかいぎじどう》の中《なか》が見《み》られるの!?

でも受付時間《うけつけじかん》、終《お》わっちゃった……20分《ぷん》も過《す》ぎちゃ、今日《きょう》は無理《むり》だ

お前《まえ》が正面玄関《しょうめんげんかん》に行《い》っちゃうから
ちがうよ。ロボットカラスのせいでしょ！
ピエ…
また付《つ》き合《あ》ってやるから今日《きょう》は帰《かえ》ろう
自由研究《じゆうけんきゅう》の宿題《しゅくだい》、間《ま》に合《あ》わない!! 夏休《なつやす》みも終《お》わっちゃう
シエル、時間《じかん》ちょっと戻《もど》せる？
ん？
参観受付《さんかんうけつけ》に間《ま》に合《あ》うように
本当《ほんとう》はそんなことに使《つか》いたくないけど…
クエストのためだョ・・・
パアアアアア
二人《ふたり》とも、このサークルに入《はい》って！
受付《うけつけ》に間《ま》に合《あ》うように時間《じかん》を戻《もど》すから

早《はや》く、早《はや》く！
行《い》きますよー！
カウント開始《かいし》10秒前《びょうまえ》…
え？
5秒前《びょうまえ》…
お兄《にい》ちゃん行《い》こ！
3…
おい、海珠《うみ》！
2…
1…
転移完了《てんいかんりょう》
…何《なん》にもかわってないじゃん
20分前《ぶんまえ》に戻《もど》っただけだから
14時《じ》からの参観《さんかん》に参加《さんか》する方《かた》は、こちらへどうぞ～

参観受付所
お兄《にい》ちゃん、間《ま》に合《あ》った！
どう？
ウソだろ？どうなってんだ？
受付
これで信《しん》じてもらえた？
う、うん。ありがとう助《たす》かった
ありがと～
で、僕《ぼく》も連《つ》れてってほしいんだ
え？
僕も、議事堂《ぎじどう》の中《なか》を見《み》てみたい！
国会とは
僕《ぼく》、国会《こっかい》の解説《かいせつ》もできるよ
すごいな～
べんりーっ
一緒《いっしょ》に行《い》こ!!

うーん、いいけど…
一《ひと》つ聞《き》いていい？
未来《みらい》から来《き》て僕《ぼく》らと合流《ごうりゅう》…って、何《なん》のために？
ドキッ
えっ？
あのね、宙《そら》ったら、補習《ほしゅう》…
この人《ひと》、世界《せかい》を救《すく》いにきたんだよ!!
未来から来る理由って、それしかないよ!!

う
うん…
ギョ
ちょっと、宙《そら》ぁ…？
やっぱり
そんなわけでとにかく、よろしく！
僕《ぼく》は宙《そら》、こいつはシエルだよ
僕《ぼく》は大地《だいち》、こっちは妹《いもうと》の海珠《うみ》!!
えらいな お前
まずは基礎知識《きそちしき》だね。よろしく！

まずは、
政治と総理大臣の
基本知識を
知っておこう！

僕たちはまだ、総理大臣のことを何も知らない

こんなにある！総理大臣の仕事

総理大臣がどんな仕事をするのか知らない人も多いのでは？ 超重要で超多《ちょうた》忙《ぼう》な総理の仕事を見てみましょう。

国と国民のために働く

「首相」とも呼ばれる内閣総理大臣は、内閣のリーダーとして、予算案や法案を国会に提出《ていしゅつ》したり、国の中心的な役所である各省庁をまとめるなど、重要な仕事を行っています。

年間150日以上も国会に出席しながら多くの仕事を同時に進めるため、スケジュールは分刻《ふんきざ》み。考えることも山積みで、数ヵ月間、休めないことも。それほどの激務をこなしながら国民の批判《ひはん》も受け止めなくてはならない総理大臣は、日本一大変な仕事かも!?

●総理大臣は行政のリーダー

日本は、権力を1ヵ所に集中させないよう、3つに独立させた「三権分立」で成り立つ。総理大臣は国民の暮らしや経済を支える行政の最高責任者。

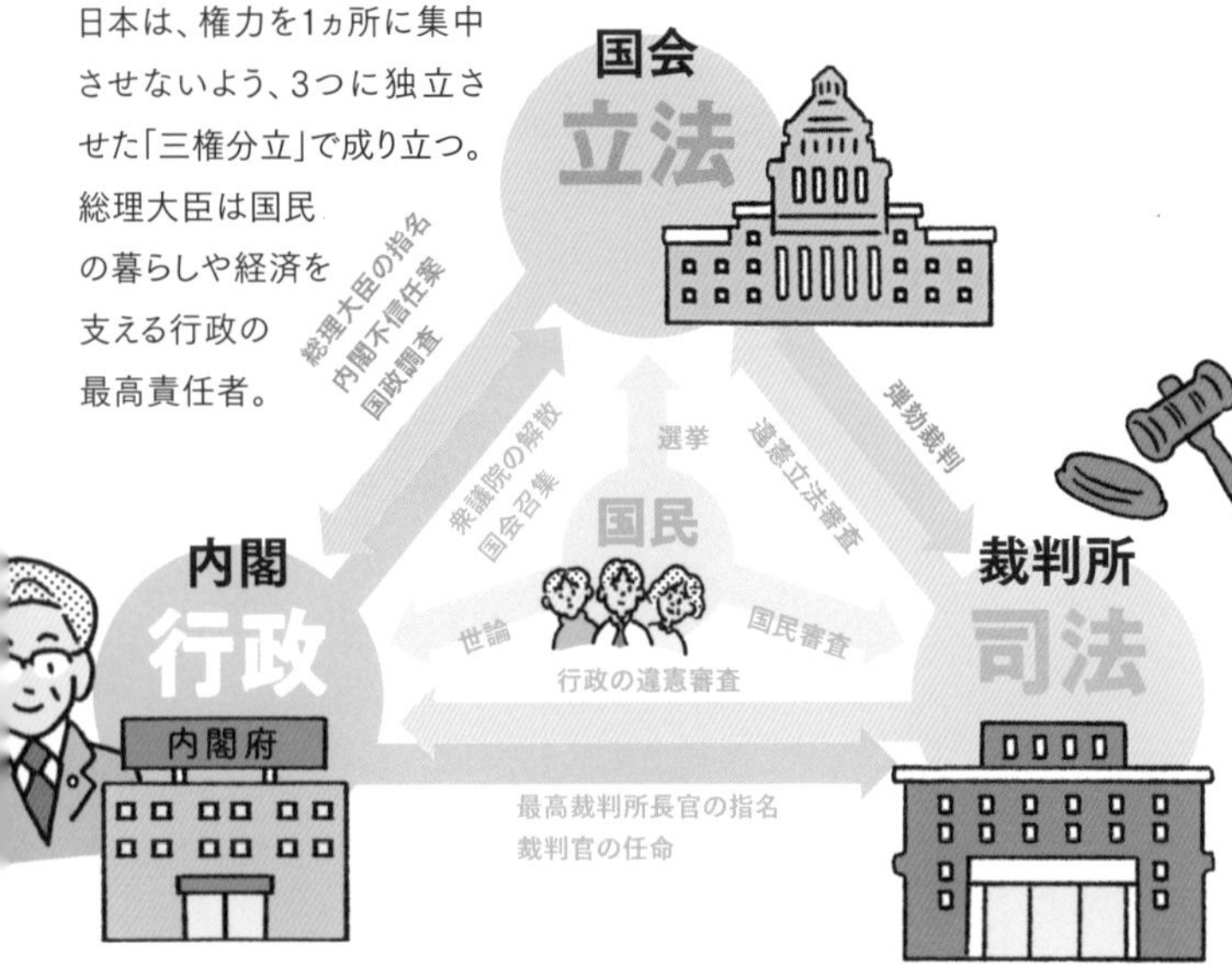

国会
立法
内閣
行政
内閣府
裁判所
司法
国民
総理大臣の指名
内閣不信任案
国政調査
弾劾裁判
衆議院の解散
国会召集
選挙
違憲立法審査
世論
国民審査
行政の違憲審査
最高裁判所長官の指名
裁判官の任命

総理大臣のヒミツ

総理大臣がいなかったらどうなる？

三権分立になるまでは、天皇や貴族、武士などその時代の支配者が国の権力を独占《どくせん》していました。それがなくなってしまったら、一部の権力者が政治を行う時代に逆戻りしてしまうかも!?

総理大臣の仕事

総理大臣は国会や閣議《かくぎ》などの日々の公務を行いながら、外交や内閣の組織作りなど、多くの仕事を同時に行わなくてはなりません。どれも政治を進め、国を守るために大切な仕事です。

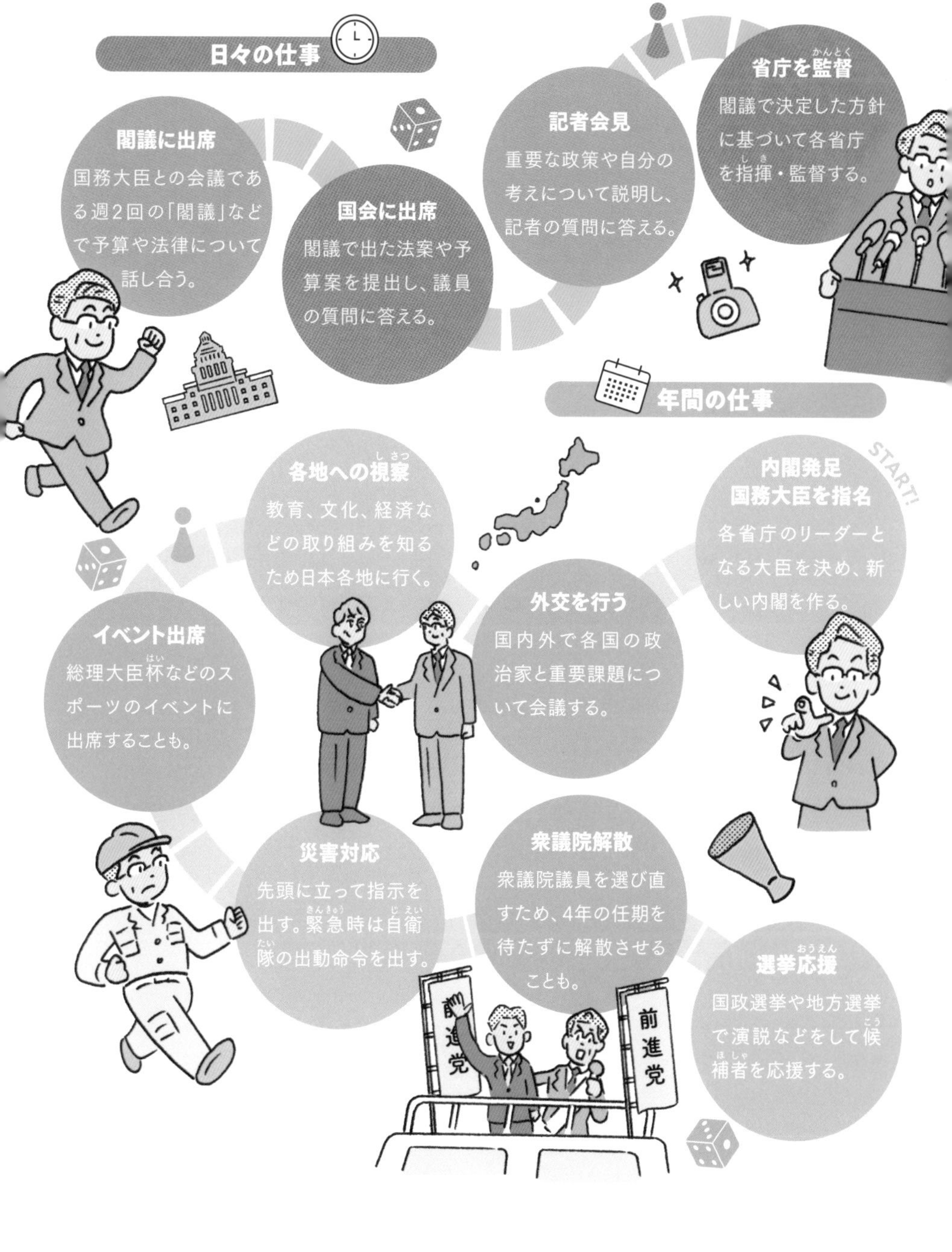
日々の仕事
閣議に出席
国務大臣との会議である週2回の「閣議」などで予算や法律について話し合う。
国会に出席
閣議で出た法案や予算案を提出し、議員の質問に答える。
記者会見
重要な政策や自分の考えについて説明し、記者の質問に答える。
省庁を監督《かんとく》
閣議で決定した方針に基づいて各省庁を指揮《しき》・監督する。
年間の仕事
START!
内閣発足
国務大臣を指名
各省庁のリーダーとなる大臣を決め、新しい内閣を作る。
外交を行う
国内外で各国の政治家と重要課題について会議する。
各地への視察《しさつ》
教育、文化、経済などの取り組みを知るため日本各地に行く。
イベント出席
総理大臣杯《はい》などのスポーツのイベントに出席することも。
災害対応
先頭に立って指示を出す。緊急《きんきゅう》時は自衛《じえい》隊《たい》の出動命令を出す。
衆議院解散
衆議院議員を選び直すため、4年の任期を待たずに解散させることも。
選挙応援《おうえん》
国政選挙や地方選挙で演説などをして候《こう》補者《ほしゃ》を応援する。
前進党
前進党

どうやって？総理大臣になる方法

総理大臣はどうやって選ばれるのでしょうか？ アメリカの大統領《だいとうりょう》と比べながら見てみましょう。

アメリカの大統領との違《ちが》い

総理大臣になるには、いくつもの関門があります。すべてをクリアした人だけが総理大臣になれるのです。経験や知識だけでなく、運も必要です。日本は、一般の有権者が国会議員を選び、国会議員が総理大臣を選ぶため、国民が直接総理を選ぶことはできません。

一方、アメリカの大統領選挙は、予備選挙から本選挙まで一般有権者の支持《しじ》が大きな力を持ちます。また、野党の候補《こうほ》が大統領に選ばれることも珍《めずら》しくありません。

●大統領になる道のり VS. 総理大臣になる道のり

STAGE 1 選挙に立候補《りっこうほ》

演説などで自分の名前や考えを知ってもらい支持者を増やす。国会議員になる前に、地方議員や議員秘書として経験を積む人も。通常は衆議院議員が総理大臣になる。

STAGE 2 国会議員になる

衆議院議員の任期は基本的に4年間。総理大臣になるまで、毎回選挙に当選し続けなくてはならないので、支持者からの信頼も大切。

STAGE 3 所属政党が与党になる

国会議員なら誰《だれ》でも総理になれるが、ほとんどの場合、国会で半数以上の議席を持つ「与党」の候補が選ばれる。所属政党が与党になれるよう働きかけることも欠かせない。

総理大臣は行政のリーダーとしての役割しか持ちませんが、大統領は国全体を代表する「国家元首《げんしゅ》」です。日本の憲法《けんぽう》では国家元首が定められていないため、実際には総理大臣が大統領のように国を代表して外交などにあたります。

総理大臣のヒミツ

総理になるウラ技!? 連立政権

所属政党の議席数が単独では過半数に届《とど》かず与党になれない場合、ほかの政党と組んで議席を増やし、「連立政権」を作ることも。近年は、多くの政権が、連立政権の形をとっています。

STAGE 1 立候補《りっこうほ》

集会などで出馬《しゅつば》を表明。立候補の条件は「35歳《さい》以上、アメリカ生まれ、14年以上居住」。選挙は1年以上かかるため、支持者集めと同時に資金集めも重要。

STAGE 2 党の候補に指名される

何ヵ月もかけて各州で党員集会や有権者による予備選挙を行い、民主党と共和党の候補者が絞《しぼ》り込《こ》まれる。全国党大会で正式に各党の候補が選ばれる。

STAGE 3 本選挙で当選する

州ごとに本選挙を行い、有権者の投票数が多い候補がその州の「選挙人」を獲得《かくとく》。全米の選挙人の過半数を獲得した候補が当選する。

STAGE 4 与党の党首になる

各政党の党首が総理大臣候補に選ばれることが多いので、党内で支持を得て党首に選んでもらう。政党により「総裁《そうさい》」「代表」「委員長」など党首の呼び方はさまざま。

STAGE 5 国会で総理大臣に選ばれる

内閣総理大臣指名選挙で半数以上の票を得ると総理に指名される。選挙は衆議院と参議院で行われ、両院で指名された人が総理に選ばれる。

僕たちはまだ、総理大臣のことを何も知らない

総理大臣なんでもランキング！

長く務《つと》めた総理大臣は？ 総理大臣が多い都道府県は？ ランキングで比べると総理大臣の特徴が見えてきます！

総理大臣の在職期間は？

総理大臣の在職期間を比べると、長い人は通算で7～8年務める一方で、短い人は2ヵ月足らずです。

アメリカの大統領《だいとうりょう》は任期が4年、2回までと憲法《けんぽう》で定められていますが、日本の総理大臣は決まっていません。衆議院議員の任期が終わるなどして内閣総辞職《ないかくそうじしょく》すれば総理大臣も辞職《じしょく》しますが、再び国会で指名されれば、何回でも総理になれます。

在職期間が短くなる理由は、支持率の低下、健康問題、自ら退任を決めるなど、さまざまです。

総理大臣も高齢《こうれい》化！

就任《しゅうにん》時の年齢の最高齢は70代後半で、戦後はみな50代以上。世界を見てみると、30代で首相や大統領になった人もいます。国のリーダーには経験が必要ですが、若く柔軟《じゅうなん》な考えや発想も大切。日本でも若い総理大臣が必要とされるかもしれません。

総理大臣のヒミツ

求む！史上初の女性総理大臣

世界の半分以上の国では、これまでに女性が大統領・首相に就任したことがあり、主要な先進国で歴代の大統領・首相に女性がいないのは日本とアメリカだけ。男女平等な社会を実現するためにも、女性総理の誕生が期待されます。

●総理の在職日数ランキング

1位から4位は山口県出身の総理大臣。最短の東久邇稔彦《ひがしくになるひこ》は唯一《ゆいいつ》の皇族《こうぞく》首相で、太平洋戦争の戦後処理を担当。1人あたりの平均在職日数は約800日です。

出典：首相官邸ホームページ

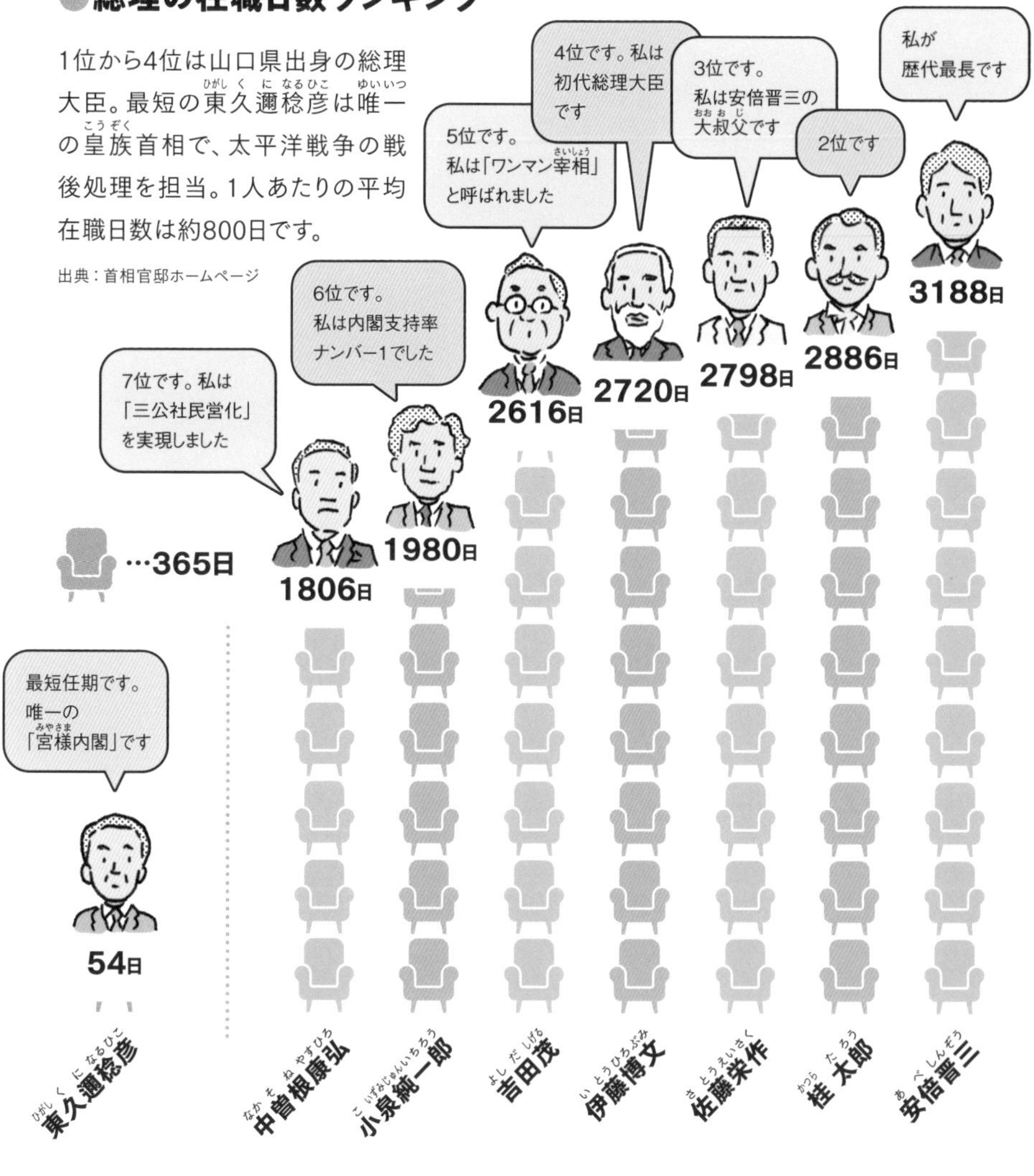

私が
歴代最長です
2位です
3位です。
私は安倍晋三の
大叔父《おおおじ》です
4位です。私は
初代総理大臣
です
5位です。
私は「ワンマン宰相《さいしょう》」
と呼ばれました
6位です。
私は内閣支持率
ナンバー1でした
7位です。私は
「三公社民営化」
を実現しました
最短任期です。
唯一の
「宮様《みやさま》内閣」です
…365日
54日
1806日
1980日
2616日
2720日
2798日
2886日
3188日
東久邇稔彦《ひがしくになるひこ》
中曽根康弘《なかそねやすひろ》
小泉純一郎《こいずみじゅんいちろう》
吉田茂《よしだしげる》
伊藤博文《いとうひろぶみ》
佐藤栄作《さとうえいさく》
桂太郎《かつらたろう》
安倍晋三《あべしんぞう》

●就任時 最年長・最年少

戦後最年少は安倍晋三（52歳）。世界最年少のリーダーはオーストリアのクルツ元首相（31歳）

最年長 鈴木貫太郎《すずきかんたろう》（77歳）

太平洋戦争終戦時の総理。高齢《こうれい》のため断ったが昭和天皇に頼まれて就任。2度の暗殺未遂《みすい》を生《い》き延《の》び、80歳で病死。

最年少 伊藤博文《いとうひろぶみ》（44歳）

初代総理として、日本初の「大日本帝国憲法」を作る。女性問題で、明治天皇にしかられたことも。68歳で暗殺される。

総理大臣の出身地

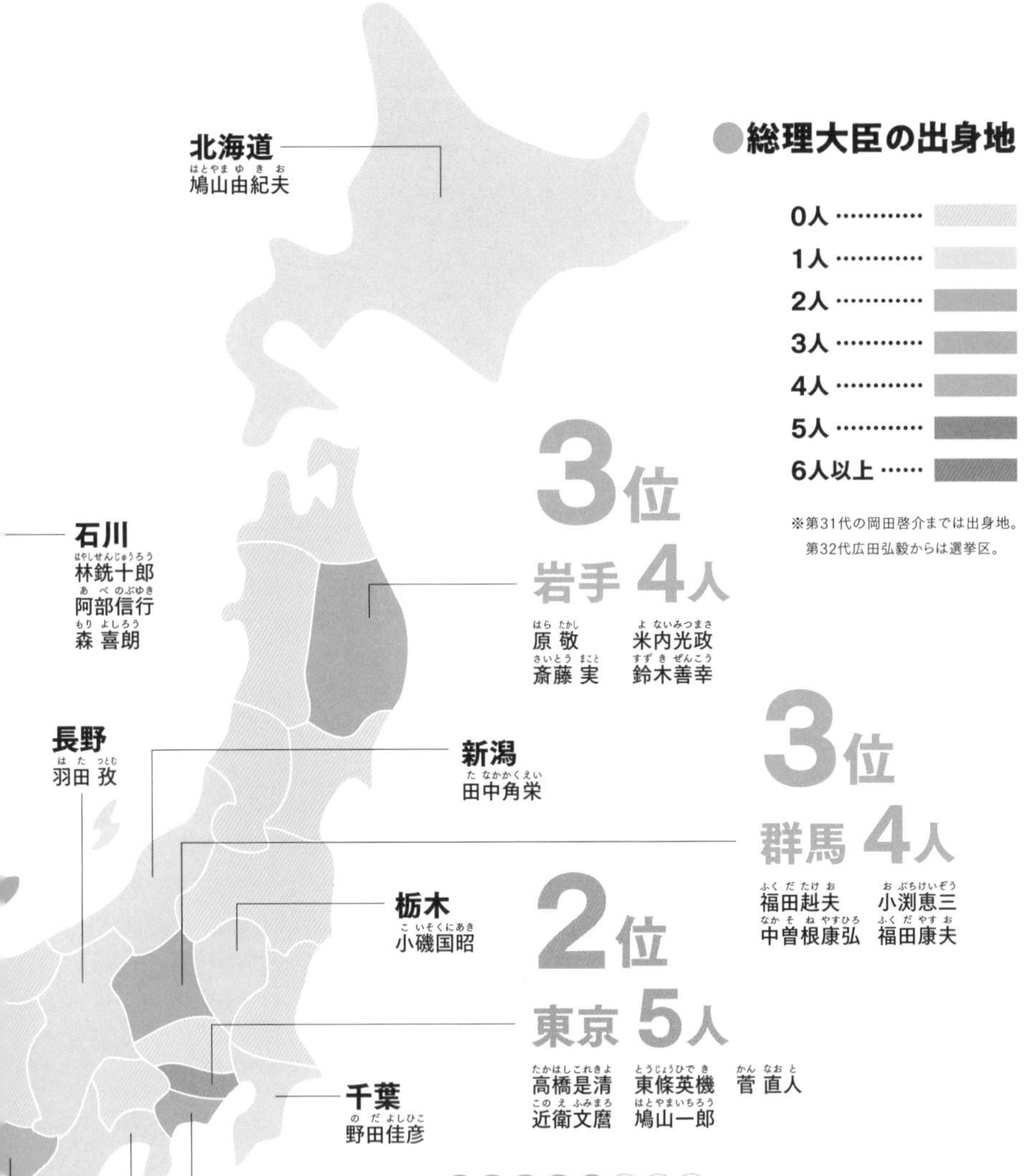
0人 …………
1人 …………
2人 …………
3人 …………
4人 …………
5人 …………
6人以上 ……
※第31代の岡田啓介までは出身地。第32代広田弘毅からは選挙区。
北海道
鳩山由紀夫《はとやまゆきお》
石川
林銑十郎《はやしせんじゅうろう》
阿部信行《あべのぶゆき》
森《もり》 喜朗《よしろう》
3位
岩手 4人
原《はら》 敬《たかし》
米内光政《よないみつまさ》
斎藤《さいとう》 実《まこと》
鈴木善幸《すずきぜんこう》
長野
羽田《はた》 孜《つとむ》
新潟
田中角栄《たなかかくえい》
3位
群馬 4人
福田赳夫《ふくだたけお》
小渕恵三《おぶちけいぞう》
中曽根康弘《なかそねやすひろ》
福田康夫《ふくだやすお》
栃木
小磯国昭《こいそくにあき》
2位
東京 5人
高橋是清《たかはしこれきよ》
東條英機《とうじょうひでき》
菅《かん》 直人《なおと》
近衛文麿《このえふみまろ》
鳩山一郎《はとやまいちろう》
千葉
野田佳彦《のだよしひこ》
神奈川
片山《かたやま》 哲《てつ》
小泉純一郎《こいずみじゅんいちろう》
菅《すが》 義偉《よしひで》
愛知
加藤高明《かとうたかあき》
海部俊樹《かいふとしき》
静岡
石橋湛山《いしばしたんざん》
滋賀
宇野宗佑《うのそうすけ》
大阪
鈴木貫太郎《すずきかんたろう》
幣原喜重郎《しではらきじゅうろう》

総理大臣のヒミツ

父や祖父も総理だった総理大臣

安倍晋三《あべしんぞう》のほかにも、吉田茂《よしだしげる》の孫の麻生太郎《あそうたろう》、鳩山一郎《はとやまいちろう》の孫の鳩山由紀夫《はとやまゆきお》、福田赳夫《ふくだたけお》の息子の福田康夫《ふくだやすお》など、父や祖父が首相を務めた「世襲《せしゅう》」の総理大臣がいます。日本の国会議員の世襲率は、ほかの先進国に比べるとずば抜《ぬ》けて高いといわれています。

山口県が1位なのはなぜ?

総理大臣経験者が一番多いのは、山口県。明治維新《いしん》後、新政府設立の中心となって活躍《かつやく》したのが長州藩《ちょうしゅうはん》(今の山口県)出身者だったため、特に明治から昭和初期の総理大臣は山口県出身者が多いのです。

安倍晋三《あべしんぞう》の出身地は東京都ですが、総理大臣だった祖父の岸信介《きしのぶすけ》と大叔父《おおおじ》の佐藤栄作《さとうえいさく》の出身地、山口県から立候補しています。これは、「地盤《じばん》」を確かなものにするためです。

総理の孫
山田六郎
かばん
かんばん
じばん
地盤(応援する組織)、看板(知名度)、カバン(資金)の「三バン」があると、当選しやすいとされる。

●歴代総理大臣の所属政党
(過去50年、25人)

19
3
1
1
1
自由民主党
民主党
日本新党
新生党
日本社会党

4分の3以上の総理大臣が自由民主党に所属。2009年から約3年間、民主党の代表が総理大臣になったが、政権が交代し再び自民党が与党に返り咲いた。それ以来、自民党と公明党の連立政権が続いている。

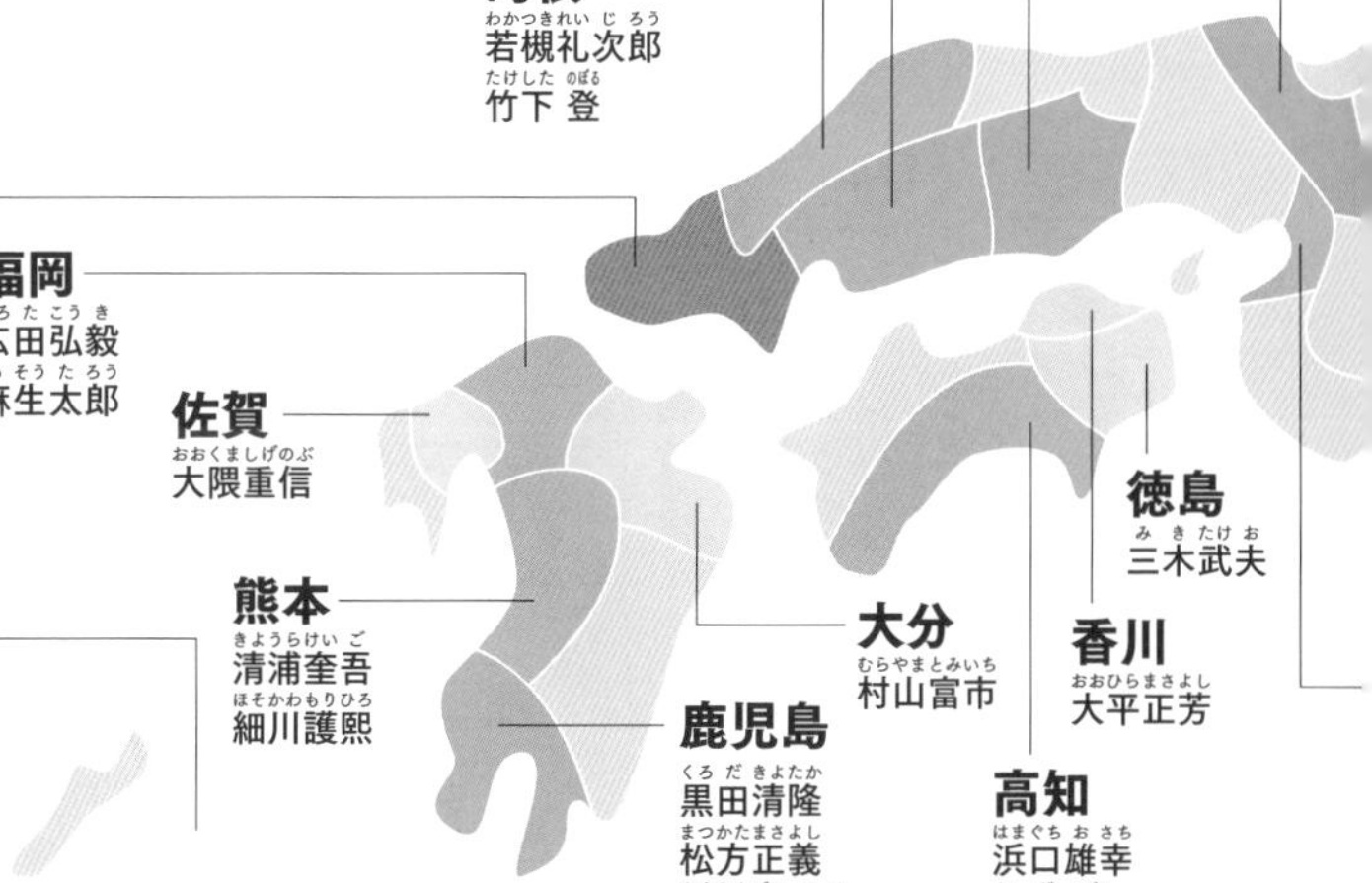

1位 山口 8人
伊藤博文《いとうひろぶみ》
山県有朋《やまがたありとも》
桂 太郎《かつらたろう》
寺内正毅《てらうちまさたけ》
田中義一《たなかぎいち》
岸 信介《きしのぶすけ》
佐藤栄作《さとうえいさく》
安倍晋三《あべしんぞう》

3位 広島 4人
加藤友三郎《かとうともさぶろう》
池田勇人《いけだはやと》
宮沢喜一《みやざわきいち》
岸田文雄《きしだふみお》

福井
岡田啓介《おかだけいすけ》

京都
西園寺公望《さいおんじきんもち》
東久邇稔彦《ひがしくになるひこ》
芦田 均《あしだひとし》

岡山
犬養 毅《いぬかいつよし》
平沼騏一郎《ひらぬまきいちろう》
橋本龍太郎《はしもとりゅうたろう》

島根
若槻礼次郎《わかつきれいじろう》
竹下 登《たけしたのぼる》

福岡
広田弘毅《ひろたこうき》
麻生太郎《あそうたろう》

佐賀
大隈重信《おおくましげのぶ》

熊本
清浦奎吾《きようらけいご》
細川護熙《ほそかわもりひろ》

鹿児島
黒田清隆《くろだきよたか》
松方正義《まつかたまさよし》
山本権兵衛《やまもとごんべえ》

大分
村山富市《むらやまとみいち》

徳島
三木武夫《みきたけお》

香川
大平正芳《おおひらまさよし》

高知
浜口雄幸《はまぐちおさち》
吉田 茂《よしだしげる》

総理大臣のびっくりエピソード

僕たちはまだ、総理大臣のことを何も知らない

酒ぐせが悪すぎて妻を殺害!?

黒田清隆《くろだきよたか》

酔《よ》うと拳銃《けんじゅう》や日本刀で人を脅《おど》すなど、酒ぐせが悪かった。あるとき酔った勢いで船の大砲《たいほう》を陸に向けて発射させ、住人を死なせてしまった。妻《つま》を斬《き》り殺したという噂《うわさ》も……。

留学中に奴隷《どれい》として売られた!

高橋是清《たかはしこれきよ》

これじゃ奴隷じゃないか!!

留学中にうっかり契約書にサインしたせいで、奴隷としてあちこちの家に「転売」された。その後も、投資で全財産を失うなどトラブルが多い。

頭を撃《う》たれても話し合いをしようとした

犬養《いぬかい》 毅《つよし》

話せばわかる
まあ座れや

襲撃《しゅうげき》してきた青年将校《しょうこう》らを説得中に「問答無用!」と撃たれた。瀕死《ひんし》の状態でも「今の若いもんを呼べ。よく話して聞かせる」と使用人に言い、対話をあきらめなかった。

日本の政治を動かしてきた60人以上の総理大臣たち。その中には、信じられないようなウラ話を持つ人もいます。

総理大臣の仰天《ぎょうてん》話

総理大臣といえども1人の人間。日本の政治のリーダーとして国を動かしたウラ側には、ダメダメな一面や「クセつよ」な一面も……。歴代総理たちの人間味あふれるエピソードを知ると、「推《お》し総理」が見つかるかも!?

また、「五・一五事件」で銃撃《じゅうげき》された犬養毅《いぬかいつよし》のように、歴代総理64人のうち7人が暗殺されています。未遂《みすい》に終わったものの、命の危機にさらされた人も十数人。総理大臣は文字通り「命がけ」の仕事なのです。

盗聴《とうちょう》されてラッキー!?

田中角栄《たなかかくえい》

盗聴してるやつ
トイレの紙を
かえておけ!

旧《きゅう》ソ連訪問中、ホテルの部屋が盗聴されていることを逆手にとり、「トイレットペーパーや石けんの質が悪い!」とどなったところ、翌日《よくじつ》改善された。帰国後、「盗聴されるのもいいもんだ」と笑っていた。

うっかりつぶやいた
失言で衆議院解散

吉田《よしだ》 茂《しげる》

バカヤロー
ちっちゃく
つぶやいた
だけなのに…

国会での質疑応答中のつぶやきをマイクが拾い大騒《おおさわ》ぎに。内閣不信任決議案が提出され、衆議院を解散。反省したが、後日、「これからもちょいちょい失言するかもしれないので、よろしく」と開き直った。

言葉の聞き違いで刺殺《しさつ》された?

原《はら》 敬《たかし》

原を
斬る!
腹を切る
じゃないの?

在任中、政権に不満を持つ者に東京駅で刺殺された。「責任を取る」という意味で上司が言った「腹を切る覚悟はあるか?」を、犯人が「原を斬《き》る」と勘違《かんちが》いしたという。

子だくさんすぎて
何人いるかわからない!?

松方正義《まつかたまさよし》

オレの子であるのは確かだけど
名前が思い出せん…

妻以外にたくさんの愛人を持ち、26人の子が生まれた。明治《めいじ》天皇に子どもは何人いるかと聞かれても、すぐに答えられなかったとも。69歳《さい》で末の子が生まれたときは「恥《は》ずかしいから」と、孫として届《とど》け出《で》た。

流行《はや》らなかった半袖スーツ!

大平正芳《おおひらまさよし》

省エネ
ルック
私も流行らそうと
したけど…
流行りま
せんでした
羽田孜

1979年の第二次オイルショックを受けて、夏に半袖《はんそで》のシャツや背広を着る「省エネルック」をアピール。のちの「クールビズ」の先取りでもあり、羽田《はた》孜《つとむ》も着用したが、「ダサい」と言われて普及《ふきゅう》しなかった。

知りたい！総理大臣の素顔

総理大臣の年収や経歴など、その素顔に迫《せま》ってみると、もっと総理を身近に感じられる……かも？

総理大臣の給料や経歴は？

総理大臣は給料をいくらもらっているのか、その金額《きんがく》はだれがどうやって決めるのか、気になりますね。じつは、総理大臣の月々の給料や手当は法律で決められています。そのため、法律を改正して国会で認められないと、給料アップはできません。

海外や日本各地への移動には、政府専用機や総理大臣専用車が使われます。必ず警備《けいび》担当の航空《こうくう》自衛官が乗った飛行機やSPが乗った車がつきそって総理の身の安全を守ります。

総理大臣になる前の経歴はさまざ

総理大臣の年収は多い？少ない？

総理大臣の月給は約200万円。そこにいろいろな手当が足され、年収は約4000万円になります。これは、日本人の平均給与の約9倍。けれど、大企業《だいきぎょう》の社長やプロスポーツ選手、実業家と比べると高くはありません。

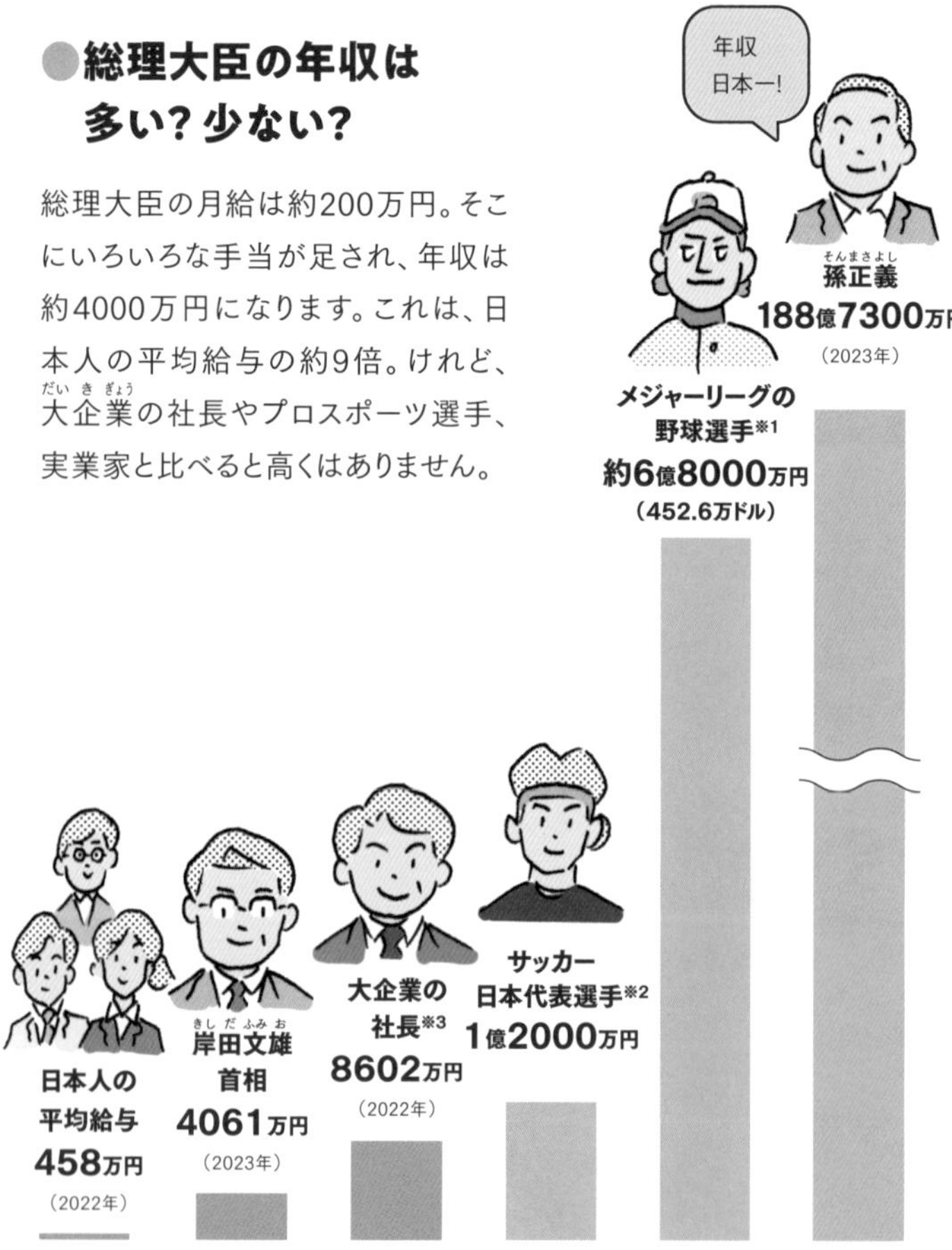
年収
日本一！
孫正義《そんまさよし》
188億7300万円
（2023年）
メジャーリーグの野球選手※1
約6億8000万円
（452.6万ドル）
サッカー日本代表選手※2
1億2000万円
大企業の社長※3
8602万円
（2022年）
岸田文雄《きしだふみお》首相
4061万円
（2023年）
日本人の平均給与
458万円
（2022年）

※1　2023年時点のMLB登録選手　※2　2022年時点の代表選手　※3　従業員3000人以上の企業

まです。はじめから政治家になるために議員秘書などを務めた総理もいますが、貧《まず》しい家に生まれた伊藤博文《いとうひろぶみ》や田中角栄《たなかかくえい》など、いわゆる「たたき上げ」の人も。特に、厳《きび》しい身分制度があった江戸時代に農家に生まれた伊藤博文は、明治維新《めいじいしん》がなければ、総理大臣どころか政治の世界にすら入れなかったでしょう。

●総理大臣の移動手段

政府専用機

「空飛ぶ首相官邸《かんてい》」とも呼ばれる政府専用機は、なんとオフィスや会議室つき！　総理大臣専用車は、防弾《ぼうだん》仕様になっている。

●総理大臣になる前は？

やんちゃすぎた元・攘夷派《じょういは》

伊藤博文《いとうひろぶみ》

昔は
やんちゃを
しました

公使館に放火するなど、外国を追《お》い払《はら》う思想をもつ過激な攘夷《じょうい》派だった。幕末にイギリスへ密航《みっこう》留学して国力の差を知り、開国派に。

皇族から陸軍、総理大臣に

東久邇稔彦《ひがしくになるひこ》

皇族出身は
私一人です
在職期間は
最短です
54days

皇族で陸軍大将だったため、終戦に反対する軍部を納得させて戦後処理をするために終戦2日後に総理に任命された。54日で退任。

80年続く建設会社を創業

田中角栄《たなかかくえい》

コンピュータつき
ブルドーザーと
呼ばれました

新潟《にいがた》の貧しい家に生まれた。上京して工事現場で働きながら夜間学校で土木を学び、25歳で建設会社を設立。会社は創立80年を超える。

20年近く会社員を勤めてから政治家に

福田康夫《ふくだやすお》

会社員時代の経験が
活きました

政治家になるつもりはなかったが、元総理の父・赳夫《たけお》の後継者が必要になり石油会社を退職。中東諸国に関する知識を政治に活かした。

総理大臣を支える人々

どんなに有能な総理でも、1人ではよい政治を行えません。総理の仕事はたくさんの人に支えられています。

心強い「総理のサポーター」

経済、教育、外交、国防、環境問題など、総理が携《たずさ》わる仕事は幅広《はばひろ》く、毎日、考えること・やることが山積み。そんな総理を身近で支えているのは、事務的なサポートをする総理大臣秘書官《ひしょかん》と、ブレーンとして働く総理大臣補佐官《ほさかん》です。メディアでよく見かける内閣官房長官《かんぼうちょうかん》も、「影の総理」「総理大臣の女房《にょうぼう》役」とも呼ばれる、総理に欠かせない相棒《あいぼう》です。

そして、省庁《しょうちょう》をまとめる国務大臣（閣僚《かくりょう》）や、それらの省庁で働く官僚《かんりょう》が政治の実行部隊となっています。

総理大臣秘書官《ひしょかん》

スケジュール管理や、各省庁との調整など総理の公務を支える。5人以上で担当することが多い。

総理大臣補佐官《ほさかん》

国の重要課題を解決する政策《せいさく》の立案を手伝い、総理に助言する。人数は5人までと決まっている。

私は多くの人に支えられています
Team《チーム》

内閣官房長官《かんぼうちょうかん》

総理を補佐する内閣官房のリーダー。記者会見に対応し、政策に関わる各省庁の調整役もする。

SP《エスピー》

SPは「セキュリティポリス」の略で、特別訓練を受けた警察官。総理大臣につきそい身の安全を守る。

国務大臣

外務省、文部科学省、経済産業省などの省庁のリーダーとして政策を進める。国務大臣は総理大臣が任命する。国会議員以外がなることもある。

官僚《かんりょう》

各省庁で働く国家公務員。法案や予算案の作成、政策の指揮《しき》・監督《かんとく》のほか、事前質問を受けて総理や大臣の国会答弁案を作る重要な役割も。

そうだ、直接、
政治家の方々に
聞いてみよう！

なんか威厳《いげん》がある建物《たてもの》だった
日本《にほん》の政治《せいじ》の象徴《しょうちょう》だね
外《そと》から見《み》るとお城《しろ》みたい
シエル、総理大臣《そうりだいじん》はここに住《す》んでいるの？
ちがうよ。総理大臣公邸《そうりだいじんこうてい》っていう、専用《せんよう》の住居《じゅうきょ》があるんだよ
もともとの自分《じぶん》の家《いえ》で暮《く》らす総理《そうり》もいるんでしょ
家《いえ》か…。この時代《じだい》の総理《そうり》は人間《にんげん》なんだよな…
人間《にんげん》？当《あ》たり前《まえ》だろ！
どんな人《ひと》？
全然、当たり前じゃないよ
どんな人《ひと》？そんなの、よくわからないよ

「偉い人」っていうことしか、わからない…
偉《えら》い人《ひと》か…
すご～く勉強《べんきょう》しないとなれないいんじゃない？
なんで、総理大臣《そうりだいじん》のことを知《し》らないの？
みんな、総理大臣《そうりだいじん》を目指《めざ》してるんでしょ？
はぁ!?
え～、なんでそう思《おも》うの？
みんなと力《ちから》を合《あ》わせて、この世界《せかい》の問題《もんだい》を解決《かいけつ》するリーダー
ぼくらの時代《じだい》には総理大臣《そうりだいじん》がいないけど、あこがれるよ!!
カッコイイじゃん!!

宙《そら》の時代《じだい》には、総理大臣《そうりだいじん》はいないの？
人間《にんげん》の政治家《せいじか》はいないよ 全部《ぜんぶ》、AI《エーアイ》がやってるから
AI《エーアイ》？
人工知能《じんこうちのう》だよ この時代《じだい》から発達《はったつ》したでしょ？
AI《エーアイ》は、ボクらをデータ化《か》して分析《ぶんせき》するんだ。そこから最適《さいてき》な政策《せいさく》を導《みちび》く
AI《エーアイ》の政府《せいふ》なら、不正《ふせい》も汚職《おしょく》もないし、判断《はんだん》が的確《てきかく》で早《はや》いのだ～
国民《こくみん》は誰《だれ》も政治《せいじ》に責任《せきにん》を負《お》わなくていいし AI《エーアイ》が出《だ》した結果《けっか》に従《したが》っていれば、平和《へいわ》で、いい世界《せかい》が続《つづ》く……らしい
へ～。AI政府《エーアイせいふ》、いいじゃん
未来《みらい》は、そんなすごい世界《せかい》なんだ！
理想的《りそうてき》でしょ！
…そんなにいいかなぁ？

いつの間《ま》にか、いろいろ決《き》まって皆《みんな》、何《なに》も考《かんが》えずそれに従《したが》う
それでいいのかな?
ぼくはときどきすごく虚《むな》しくなるんだ
今《いま》だって、難《むずか》しいことは誰《だれ》かがどこかで決《き》めてるし同《おな》じだよ
ないものねだりさ
この時代《じだい》は選挙権《せんきょけん》を使《つか》えば、間接的《かんせつてき》に政治《せいじ》に関《かか》われるのに?
君《きみ》だって、なんか虚《むな》しいってだけで具体的《ぐたいてき》にどういう社会《しゃかい》がいいのかまで考《かんが》えてないだろ?
具体的《ぐたいてき》?
具体的《ぐたいてき》な考《かんが》えがなかったら、誰《だれ》に投票《とうひょう》すればいいのかなんてわからないよ

公明党
自由民主党
国民民主党
政治家《せいじか》の中《なか》にもたくさんの意見《いけん》があって、
同《おな》じ政党《せいとう》でも、人《ひと》によって考《かんが》えが異《こと》なることもある。
勉強《べんきょう》しないと違《ちが》いもよくわからない
なるほど〜
そんなに複雑《ふくざつ》なのに、どうして国《くに》としてまとまるんだろう？
反対《はんたい》と賛成《さんせい》がごちゃまぜで何《なに》も決《き》まらない…なんてことにならないのかな
反対《はんたい》も賛成《さんせい》もあると思《おも》うよ
でも、一人《ひとり》の意見《いけん》で決《き》めるのはよくないでしょ
だから、いろんな意見《いけん》をまとめる国《くに》のリーダー、総理大臣《そうりだいじん》がいるんだよ
じゃ、総理大臣《そうりだいじん》はどうやって皆《みんな》をまとめてるの？
この国《くに》のリーダーってどんな人《ひと》なのさ？
僕《ぼく》だって、わかんないよ！
そんなに知《し》りたければ総理大臣《そうりだいじん》に直接《ちょくせつ》聞《き》きなよ。未来《みらい》の技術《ぎじゅつ》で

総理大臣《そうりだいじん》に直接聞《ちょくせつき》く?
ごめん、冗談《じょうだん》。総理大臣《そうりだいじん》になんて会《あ》えっこないから
宙《そら》、まさか?
今《いま》から総理《そうり》に会《あ》いに行《い》こう!
ギョッ
ええ
たしかに実際《じっさい》に会《あ》ってみればいいんだ
どんな人《ひと》なのか直接会《ちょくせつあ》えば、わかるね!
ちょっとまって!!
Book
何言《なにい》ってんの…会《あ》えるわけないじゃん…

大丈夫《だいじょうぶ》！シエルがなんとかしてくれるから！
ねっ！
そ、そんなことできるわけないでしょ！
ほんとに?!
総理大臣《そうりだいじん》に会《あ》う方法《ほうほう》、考《かんが》えて!!
私も会いたーい!!
無茶《むちゃ》なこと言《い》うなよ～
ピコン
ピコッ
ピコッ
あ、次《つぎ》のクエストが来《き》た！
クエスト
クエスト？
ペラララ
補習《ほしゅう》の課題《かだい》なんだ
ほしゅう？
なんでもないなんでもない!!
ブォン
クエスト その2
公邸の屋根を見よ

校庭《こうてい》？
クエスト その2
公邸の屋根を見よ
総理大臣公邸《そうりだいじんこうてい》のことじゃない？
公邸《こうてい》、すぐ近《ちか》くだよ
!
公邸《こうてい》に、総理大臣《そうりだいじん》がいるかもしれない！
よーし行こう!!
あ・・・
だけど、僕《ぼく》ら、もう帰《かえ》らないと
母さんがカンカン
えー
心配《しんぱい》ないよ。終《お》わったら、またこの時間《じかん》にもどればいい
そしたら、門限《もんげん》までに帰《かえ》れるでしょ？
大丈夫!!
た、たしかにそうだけど…
ぐっ
すごい自由研究《じゆうけんきゅう》になりそうだね！

ここが首相官邸《しゅしょうかんてい》だよ～
「公邸《こうてい》」とは別《べつ》の建物《たてもの》だよ。いわば、仕事場《しごとば》だね
警備《けいび》も厳《きび》しいね～、警察官《けいさつかん》がいっぱい！
日本《にほん》の政治《せいじ》の中枢《ちゅうすう》だからな
総理大臣《そうりだいじん》はあの中《なか》で、どんな仕事《しごと》をしてるの？
内閣《ないかく》の閣議《かくぎ》や重要《じゅうよう》な会談《かいだん》をここで行《おこな》っているんだって
そして隣《となり》の建物《たてもの》が総理大臣公邸《そうりだいじんこうてい》」
官邸《かんてい》より古《ふる》めかしい……
あれ、旧官邸《きゅうかんてい》みたいだね

…で、クエストは
「その屋根《やね》を見《み》ろ」
だったよね
屋根《やね》、
屋根《やね》……
見《み》て見《み》て！
かわいい
フクロウが
いる〜
ほんとだ
チラッ
あ、
あれは!?
！
ピカ
うわっ
キャー！
BOOK
パタタタ
パタタ

バサ
え…
チッ
フクロウ、
ヨボヨボだ…
ヨイショ
失礼《しつれい》な！
フクロウではない。
ミミズクである
しゃべった！
チョン！
コロン
な、
何《なに》をする！
ちょっと、
なにを
やってんの!?
かわいー♡
オ、オホン…
大地《だいち》、これも
未来《みらい》から来《き》た
ロボットだ
え？
そうじゃ、
ワシは、
H1型《がた》過去潜行機《かこせんこうき》

通称《つうしょう》、ホースケ
カッ
ホースケ!?
シエル、知《し》ってるの?
僕《ぼく》たちより ずっと未来《みらい》から 来《き》ている マシンだよ
ウムウム
わしは、未来《みらい》から 来《き》た者《もの》たちが 過去《かこ》を変《か》えぬよう 見張《みは》っておる
時《とき》には、過去《かこ》を改変《かいへん》して 未来《みらい》を調整《ちょうせい》する って噂《うわさ》も…
ええっ!? 過去《かこ》の改変《かいへん》は 大罪《たいざい》だよ
安心《あんしん》せい。今《いま》は補習者《ほしゅうしゃ》を 学《まな》びの旅《たび》へ 連《つ》れて行《い》くのが わしの役目《やくめ》じゃ
否定《ひてい》しない んだね…?
また、補習者《ほしゅうしゃ》… それ、何《なん》なの?

学《まな》びの旅《たび》ってどこへ行《い》くんですか?
おぬしの学《まな》びたいものによるのぉ
学《まな》びたいもの…
宙《そら》、H1型《がた》は、それぞれの時代《じだい》の要人《ようじん》と太《ふと》いパイプを持《も》ってるって聞《き》いたことがあるよ…
時代《じだい》の要人《ようじん》?
うむ。聖徳太子《しょうとくたいし》や、織田信長《おだのぶなが》に会《あ》ったこともあるぞ
すごーい!
本当《ほんとう》!?
もっとも、行《い》ける時代《じだい》はおぬしの時間旅券《じかんりょけん》の規定《きてい》によるがの
じ、じゃあ、総理大臣《そうりだいじん》に会《あ》えますか!
なんと?
僕《ぼく》は、AI《エーアイ》ではない、人間《にんげん》の総理大臣《そうりだいじん》に会《あ》いたいんだ
総理大臣《そうりだいじん》に…

会《あ》えぬこともない
ほんと!?
じゃが、現代《げんだい》の要人《ようじん》は24時間《じかん》働《はたら》いておるからのぉ
現役《げんえき》の総理大臣《そうりだいじん》だったときに会《あ》うのは無理《むり》だが総理《そうり》を退《しりぞ》いたあとなら、少《すこ》しは時間《じかん》をとってもらえるじゃろ
元総理《もとそうり》ってこと?
どれ、時間旅券《じかんりょけん》をみせてみぃ
平成《へいせい》~令和《れいわ》なら、どこでも飛《と》べます
時間旅券
平成↔令和
ふむ、平成《へいせい》の総理大臣《そうりだいじん》たちなら、ツテもある
まずは、平成《へいせい》5年《ねん》…
細川護熙《ほそかわもりひろ》元総理《もとそうり》から順《じゅん》に、訪《たず》ねてみるとするか…
ホレ、総理の一覧じゃ

細川《ほそかわ》元《もと》総理《そうり》…？
大地《だいち》、見《み》て！ここ、ここ。
78 宮沢喜一 1991年自由民主党
79 細川護熙 1993年日本新党
羽田孜 1994年新生党
ずっと自由民主党《じゆうみんしゅとう》の議員《ぎいん》が総理大臣《そうりだいじん》だったのに
細川《ほそかわ》さん、日本新党《にほんしんとう》って書《か》いてある
なにかあったのかな？
「五十五年体制《ごじゅうごねんたいせい》」を打《う》ち破《やぶ》って総理大臣《そうりだいじん》になったんじゃな
「五十五年体制《ごじゅうごねんたいせい》」？
1955年《ねん》から38年間《ねんかん》も続《つづ》いていた、自民党《じみんとう》の一党支配《いっとうしはい》をそう呼《よ》んだんじゃ

細川《ほそかわ》護煕《もりひろ》

第79代内閣総理大臣

元熊本藩主《くまもとはんしゅ》の家に生まれ、やんちゃだった子ども時代

小学生のころは、勉強もせず、いつも友だちと遊んで過ごしていました。

でも、実家は、熊本の古い家で、（古典芸能《こてんげいのう》の）能と関係の深い家でしたから、家で能を習わされましたね。能の金春流《こんぱるりゅう》の先生で、桜間金太郎《さくらまきんたろう》先生という方がいらっしゃったんですけど、先生が来られると、

「金太郎が来た！　逃《に》げろ！」

などと言って、家じゅう逃げ回って隠《かく》れたりしていました。弟は真面目《まじめ》にやっていましたから、兄である私の、そういうダメなところは目立ちましたね。

ピアノの先生にも来ていただいていましたが、その先生からも、やはり逃げました。先生がトイレに入られた時、トイレのドアを外からくぎ付けにして閉《と》じ込《こ》めたりしたので、それで破門《はもん》です。

子どものころは、そんなイタズラ、やんちゃなことばかりしていました。習い事とかそんな規則《きそく》にしばられるのが苦手だったんですね。

中学で、まさかの落第《らくだい》

それなのに、中学は、ドイツ人の神父《しんぷ》さんがたくさんおられる、規則が厳《きび》しい学校でした。厳しいのが嫌《いや》で嫌でしょうがなかったのにです。校長室によく呼ばれて説教されました。

私は、英語や国語、社会など、好きな科目は勉強したんですけど、好きではなかった、数学、物理、化学はほとんど勉強しませんでした。規則だけでなく、勉強にも厳しい学校でしたから、各学期末ごとに、中学から高校まで全校生徒を講《こう》堂《どう》に集めて、一番上から下まで全部の成績を発表するんです。60点以下は落第。私はいつも、ビリから5番目くらいに入っていました。通信簿《つうしんぼ》では、60点以下は赤線がひかれるんですが、私の成績表は、まっ赤。それで父も、しょっちゅう呼《よ》び出《だ》されていました。

学校には教会もあって、そこでのお祈《いの》りの時間というのもありました。「公教要理」といってカトリックの教義《きょうぎ》を学ぶ時間もありました。

「あなたは奇跡《きせき》を信じますか?」と言われて、「そんなの信じません!」といって不興《ふきょう》を買ったり、お祈りの言葉にある「ご胎内《たいない》の御子《おんこ》イエズスも祝せられ給《たま》ふ」

ということろを、「ご胎内《たいない》のう〇こ!」とか言ったり。本当にひどいものです。それで、たちまち外につまみ出されたり。それから社会の試験のときに「港町の発展の条件はなにか」という問題が出て、その答えにでかでかと「ストリップ劇場」と書いたものだから、このときは父も呼ばれてだいぶん油をしぼられたようです。そんなことばかりしていて、中学2年の時に落第《らくだい》しました。中学生で落第する人なんて、なかなかいないでしょう。それで1歳《さい》下の弟と同じ学年になったんです。しかも、弟のほうがずっと成績がよかった……。

高校入学を機に東京へ

通っていた中学校は、中高一貫校《ちゅうこういっかんこう》で、普通《ふつう》にやっていれば、そのまま高校に上がれます。しかし、私の場合、成績は悪いし、素行《そこう》も悪いものだから、「君はもう、ほかの学校に行ったほうがいい」と、高校に進む時に退学《たいがく》させられてしまいました。

さっきも言いましたが、厳《きび》しい規則《きそく》にしばられるのは苦手だったから、私は私で、一刻《いっこく》も早く逃《に》げ出《だ》したかった。だから、むしろ、退学させられてうれしくてしょうがなかった。

祖父《そふ》の家が東京にあったんですけど、ちょうど祖父の家の近所の学習院《がくしゅういん》で補欠《ほけつ》が出て、そこに滑《すべ》りこめたんですね。それで、高校からは、東京で暮《く》らすことになりました。

厳《きび》しくて性《しょう》に合わない学校と、やっとサヨナラできたと思って学習院に入ったら、今度は、「ごきげんよう」という言葉を使う学校だった。それも、私としては性に合わないんです。

制服をきちんと着ないのは当たり前。規則を守らないのもいつものこと。登下校時に制帽《せいぼう》をかぶらず教師に追いかけられたなんてこともありましたっけ。本当に、よく卒業《そつぎょう》できたなぁ、と今さらながら思います。

大学は学習院ではない学校に行きましたが、学校での立派《りっぱ》なエピソードは1つもないです。大学でよかったことはたった1つ、その後、妻になる佳代子と出会ったことくらいですね。

総理大臣になった後、中学の同窓生《どうそうせい》が集まる会がありました。私は中途退学させられた人間だから本当は行く資格《しかく》もないけど、その時に私はこう言いました。「君たちの中にはもちろん落第したり、退学処分になった者はおらんだろう。—

流大学に行き、霞《かすみ》が関《せき》の役人になり、あるいは経済界で活躍してるわけだから。そういうまともな人生ばかりを歩いていると、総理大臣にはなれんのだよ」と。

尊《そん》敬《けい》する伯《お》父《じ》の死で、政治家を志《こころざ》す

伯父の近衛文隆《このえふみたか》は、第二次世界大戦の時、満州で捕虜《ほりょ》になり、シベリアの極寒《ごっかん》の地で、11年間刑務所《けいむしょ》に収容されていました。捕虜は60万人くらいいたそうです。私が高校2年生の時、伯父は、あと数日で日本に帰れるという時に、毒殺されてしまいました。伯父は、「政治の世界で活躍《かつやく》したい」という希望を強くもっていたそうです。彼の父親は総理大臣の近衛文麿《このえふみまろ》で、彼自身も将来を嘱望《しょくぼう》された人物だったので、「こういう人間を日本に帰すのはよくない」とソ連側は考えたのかもしれません。

そのことがきっかけで、私は、高校2年のころから、「伯父の遺志《いし》を継《つ》いで、政治の世界へ行こう」と思うようになりました。学校の勉強はしなかったけれど、そのころから歴史や伝記をよく読んでいました。伝記といっても、マリー・キュリーや野口英世《のぐちひでよ》のような、子どもにもなじみのある人物ではなく、チャーチルや

●近衛文麿
第34・38・39代内閣総理大臣。戦後、戦犯として逮捕《たいほ》命令が出た直後に、自ら命を絶った。

●チャーチル
第二次世界大戦時のイギリスの首相。

ド・ゴール、ビスマルクなど、もっぱら政治指導者《しどうしゃ》たちの伝記ばかりです。

そして、そういう本を読むにつれ、ますます「政治の世界に行きたい」という思いを強くしました。

政治家になって、世の中を変えていこうと思ったからです。

政治は、教育のことも、経済のことも、街づくりや環境《かんきょう》についても、あらゆることに関連します。世の中のあらゆる分野を変えていけるしくみを作れるのが政治です。

でも、最初は大学を出て新聞記者になりました。新聞記者は、分野を問《と》わずさまざまな問題に関わることができるから、政治家になる準備にはいちばんいいと思ったのです。新聞記者が嫌《きら》いだった父からは大反対されました。ですが、当時の有力な政治家の多くが新聞記者出身でした。ですから、親の反対を押し切って、約6年ほど記者として社会勉強に精《せい》を出しました。

大きな波を起こして、旧体制を打《う》ち破《やぶ》る

その後は参議院議員《さんぎいんぎいん》を6年ほど務めましたが、1983年に熊本県知事《けんちじ》になり

●ド・ゴール
フランスの元大統領。
●ビスマルク
ドイツの元首相。あだ名は鉄血宰相《さいしょう》。

ました。

　知事は、「県のトップ」ではありますが、県知事といえど、何かを変えるのは大変なことです。

　あらゆることに国の規制があるからです。「地方の改革《かいかく》が進まない」ということも嫌《いや》というほど感じていましたから、「やはり、国の仕事に関わり、国を変えていこう」と強く思うようになりました。

　国の仕事に関わるための私の方法は、常識《じょうしき》では考えられないようなやり方でした。１９９２年に『文藝春秋《ぶんげいしゅんじゅう》』という雑誌に結党宣言《けっとうせんげん》を掲載《けいさい》して、日本新党という政党《せいとう》を立ち上げました。

　自民党（自由民主党）や社会党（現在の社会民主党）などの巨大な組織《そしき》、政党などをすべて向こうに回して、たった１人で新党の旗揚《はたあ》げをしたわけです。

「何を考えているんだ」「１人で何ができるのか」と、いろいろなところで批判《ひはん》もされたし、笑われもしました。

　実際、５月に結党宣言を出して、７月には選挙《せんきょ》でしたから、初めの参議院《さんぎいん》の選挙まで２ヵ月くらいしか時間がなかったし、「１人も当選するわけがない」と、多くの人がそう言いました。が、今の東京都知事の小池百合子《こいけゆりこ》さんを含《ふく》め、４人

が当選しました。私も当選しました。

さらに、その1年後の東京都議会の選挙でも、20人が当選。

さらにその直後の衆議院《しゅうぎいん》選挙では、私も含め35人当選しました（私は参議院議員を辞《じ》して、衆議院選挙に立候補《りっこうほ》していました）。結果、衆議院で第5党になり、複数の政党が連立《れんりつ》して与党《よとう》となりました。戦後、38年間も続いた自由民主党の政権を倒《たお》し、私は、連立政権で総理大臣に選ばれました。総理大臣はなりたくてなれるものではないですから、本当に奇跡《きせき》のような話です。

目指したのは政治改革

総理大臣として、目指したことの1つは、政治改革です。私の前の4つの内閣《ないかく》は、「政治改革をやります」と約束しながら、できませんでした。政治改革の目標の1つは、金権政治《きんけんせいじ》をなくすことです。

そのころ、政治資金規正法違反事件《せいじしきんきせいほういはんじけん》とか、リクルート事件とか、お金にからんだいろいろな事件が起こりました。「政治とお金の問題をなんとかしてほしい」と、国民みんなが思っていました。いくつかの内閣《ないかく》が、それを実現できなかったこと

●第5党
議会の議席数が5番目に多い党のこと。

●金権政治
多額の金銭《きんせん》を使って動かす政治。

●政治資金規正法違反事件
政治家の金丸信《かねまるしん》が企業から不正にお金を受け取った事件のこと。

で倒れました。そのタイミングで私が総理大臣に選ばれた、ということは、その任を託《たく》された、ということですから、まずは、政治改革《かいかく》に着手《ちゃくしゅ》しました。

政治改革が進まない原因には、選挙《せんきょ》制度の問題もありました。それまでは、中《ちゅう》選挙《せんきょ》区《く》制《せい》という制度で、1つの選挙区で複数当選するしくみでした。すると、同じ政党《せいとう》の人が、同じ選挙区で派閥《はばつ》ごとに立候補《りっこうほ》するわけです。そのため、同じ政党の中でたくさんお金も使われるし、激しい争《あらそ》いになってしまうんです。それを、小選挙区比例代表並立制《しょうせんきょくひれいだいひょうへいりつせい》という制度に変えました。

小選挙区制と比例代表制の2つを組み合わせた制度で、1つの選挙区で同じ政党の人が重ならないようにするという形です。

長所短所ありますが、この制度によって、旧制度よりも「政策《せいさく》で人が選ばれる形になった」のではないかと思います。短所もあるので、さらに改善《かいぜん》する余地《よち》があると思っていますが、細川内閣の時は、政治改革のためにその形で妥協《だきょう》せざるを得《え》ませんでした。

●リクルート事件
情報サービス会社であるリクルートが、政治家や官僚へ不正な目的でお金を贈《おく》った事件。

「睡眠時間《すいみんじかん》は平均4時間」の総理大臣時代

私が総理大臣を務《つと》めた連立政権《れんりつせいけん》は、8つの政党によるものでした。違《ちが》う考えの党、違う考えの人々が集まっているので、それをまとめるのは本当に大変でした。たとえるならば、8頭立ての馬車が、みんな違う方向を向いて走っているようなものです。

こちらの政党とこちらの政党では政策が全然違う。どの政党の代表も、自分の政党の主張を通そうとしますから、議論が平行線をたどったり、まとまらずに終わることもありました。

総理大臣の仕事は、とてもやりがいのある仕事でしたが、やることが多すぎて息つく暇《ひま》もありませんでした。

私が総理大臣を務めたのは、8ヵ月でしたが、その間の平均睡眠時間は4時間くらいです。当時は、自民党と連立8党の議員数の差がほとんどありませんでした。議員数が拮抗《きっこう》していると、対立も激しくなります。

たとえば、委員会などは毎日のように開かれます。1日委員会室に座《すわ》っているだけでも大変ですが、質問されると、前に出ていって答弁《とうべん》をします。それを、国

●委員会
少数の国会議員で組織され、本会議の前に、議案の内容を詳しく検討する審査機関。

会答弁といいます。

国会には、事前に何を質問するかを、前日の12時までに議会（衆《しゅう》議《ぎ》院《いん》、参《さん》議《ぎ》院《いん》の事務局）に通《つう》告《こく》するという慣《かん》例《れい》があります。国会議員といえど、日本で起きていることをすべて知っているわけではありません。いきなり、専門的な深い質問をされても、すぐには答えられませんから、ある程度何の質問をされるのかを知っておく必要があります。

でも、野《や》党《とう》（その時は自民党）も意《い》地《じ》悪《わる》をして、前日にはたとえば、「社《しゃ》会《かい》保《ほ》障《しょう》について」としか通告してきません。しかし、いざ、委員会がはじまると、社会保障の中の、「介《かい》護《ご》について」とピンポイントで質問してきます。「細川内《ない》閣《かく》総理大臣」と呼《よ》ばれ、答《とう》弁《べん》する場所まで数歩歩いていく、その間に考えなくてはいけません。それが朝から晩《ばん》まで続くのですから、本当に大変でした。

国会議員を支えるお役所の方々は、野党から通告が出ると、「質問者があの人なら、こういうことを聞くんじゃないか」と予測をして、答弁のための準備をしてくれましたが、準備は朝までかかります。だから、議員を支える役所の人たちの苦労は、相当なものです。

委員会も、私が総理大臣の時は朝9時から夜9時、10時までよく開かれました。

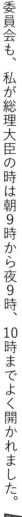

日ロ首脳会談《しゅのうかいだん》でロシアの大統領《だいとうりょう》と会談した時もそうでした。日米首脳会談でワシントンに行く時などは、夜10時に国会が終わってから飛行機に飛び乗って行きました。

日本にいる間だけでは、首脳会談についての資料を読む時間が足りません。飛行機の中で資料を読むしかない。毎日毎日、何かしらの出来事が起きる日々は、充実《じゅうじつ》してはいましたが、本当に疲《つか》れました。

親子の縁《えん》を切られる覚悟《かくご》で政治家へ

政治改革《かいかく》の問題に関しては、選挙《せんきょ》制度を変えるなど、ある程度自分がやりたいことができたと納得《なっとく》しています。

達成できたと思うもう1つの成果《せいか》は、ウルグアイ・ラウンド。米《こめ》の開放が象徴《しょうちょう》的《てき》な問題です。「お米の輸出入を自由化しろ」という声が世界中からあったのですが、それに応《こた》えるには日本の農家の方からの反発がありました。

その法案審議《ほうあんしんぎ》の時には、私の藁人形《わらにんぎょう》を全国の農協《のうきょう》の人たちが作って、その人形を逆《さか》さづりにして火をつけたり、総理官邸《そうりかんてい》の前の道路でも、国会議員を含《ふく》む反対

●ウルグアイ・ラウンド
1986年から1994年にかけておこなわれた、貿易の自由化を進めるための多国間の交渉《こうしょう》のこと。

派の人々が毎晩抗議《こうぎ》運動をしたりしていました。毎日、海外との時差の関係もあるので夜中の12時を過ぎてから農林省《のうりんしょう》（現在の農林水産省《のうりんすいさんしょう》）、外務省《がいむしょう》の人たちが公邸《こうてい》に集まって、それから明け方まで話し合いをするんです。それが、3～4ヵ月続きました。

最終的に調整がうまくいった時には、本当に大仕事を終えたという気持ちでした。総理大臣は本当に肉体的にも、精神的《せいしんてき》にもタフでなければ務《つと》まりません。政治家は本当に大変です。

振《ふ》り返《かえ》ると、私の政治家人生は、逆風や失敗ばかりですね。

新聞記者のときも反対されましたが、「政治家になる」と言ったら、また父親に猛反対《もうはんたい》され、「政治家になるなら、親子の縁《えん》を切る」とまで言われました。もちろん援助《えんじょ》はいっさいなし。熊本にある実家にも入れてもらえない。新聞社のわずかな退職金《たいしょくきん》で、初めのうちは、簡易旅館《かんいりょかん》を転々と寝泊《ねと》まりして運動をしました。

たまたま出会ったある町のお医者さんが、「自分の病院の看護師寮《かんごしりょう》を使っていい」と言ってくれて、そこに泊めてもらって政治活動をしていました。

選挙《せんきょ》では、「地盤《じばん》・看板《かんばん》・かばん」の3つの「ばん」が必要だと言われます。「看板」については、先祖《せんぞ》のおかげで「細川」という名前は知られているにしても、

●地盤・看板・かばん
選挙に必要とされる「3つのばん」のこと。地盤は地元の応援組織、看板は知名度、かばんは選挙資金を指す。

何百年も前のことです。そういう大名がいたことは知っていても、選挙にはあまり関係ない。「細川です。よろしくお願いします」と言うと、「あなたは、演歌歌手の細川たかしの親戚《しんせき》?」と言われることも結構《けっこう》ありました。

そうやって地道に選挙活動をして、初めて立候補《りっこうほ》した選挙では落選《らくせん》しました。参議院《さんぎいん》の選挙に通ったのは、2回目の選挙のときです。

総理大臣の資質《ししつ》とメッセージ

「なんで、そんなに早く総理大臣を辞《や》めてしまったのか?」と聞かれることがあります。私自身は、もっと早く辞めたいくらいでした。

私は、在任期間が問われるべきではない、と思っています。成《な》すべきことを成しとげたら、さっさと辞めるほうがいい。

日本新党を起こした時も、初めから長く続いている硬直《こうちょく》した制度を壊《こわ》すこと――つまり戦後約40年間続いていた自民党一党支配、日本のベルリンの壁《かべ》を壊すことが第一の目標でした。そして、政治改革法案《かいかくほうあん》を実現させて、政権交代《せいけんこうたい》ができる政治状況《じょうきょう》をつくるということ。さらに、米《こめ》の市場開放を実現するということ。

●ベルリンの壁
ドイツの首都ベルリンの西側を囲《かこ》い、国を分断していた壁。「分断」の象徴。

この3つを最大の公約としたわけです。

日本新党をスタートさせたときから、「これらを成しとげたら辞めます」「日本新党は3年で解党《かいとう》します」という宣言《せんげん》をしていました。

私は、政党《せいとう》は、時限つき、タイムリミットがあってもいいと思っています。公約を片づけたから、3年たって、本当に解党《かいとう》したんです。

解党する時に、サポーターの人たちから、「こんなに人気がある政党をなぜ解党するのか」と聞かれました。

私は、「ちゃんと最初から公約に書いて、やると言ったことを全部片づけたんだから、皆さんは胸《むね》を張って『どうだ、やれるものならやってみろ』と言えばいいんだ」と言いました。

もし、「総理大臣に必要な資質《ししつ》は何か？」と聞かれたら、はっきり答えることができます。それは、「無私《むし》」ということ。つまり、私利私欲《しりしよく》を捨てられるか、ということです。それは、お金だけのことではありません。たとえば、名誉欲《めいよよく》や出世欲があると、それにとらわれて、モノが見えなくなる。本当のモノ、真実が見えなくなります。明治維新の立役者の1人でもある西郷隆盛《さいごうたかもり》は、「無私」を肝《きも》に銘《めい》じていた人です。

それからもちろん、「使命感」も大事なことですし、「ロマン」もなければいけない。それがないと、人はついてこないと思います。

これからの時代を生きる子どもたちには、「みんなもやってるから、自分もそうしなきゃ」と思わないでほしいですね。

人と同じことをやっても、それは、自分が本当にやりたかったことではないかもしれないし、大成功は期待できないと思います。ですから、自分が「こうだ」と思ったことを、思いきりやっていくと――他人からいろいろ言われるかもしれないけれど――自分の未来がきっと拓《ひら》けてきて楽しくなると思います。ゴーイングマイウェイ（「わが道を行く」）です。

総理大臣の暮らし①

分刻《ふんきざ》みの日程《にってい》で多忙《たぼう》な毎日

総理大臣が、どんな1日を送っているのか知る方法がある。それは、報道機関が毎日発表している「首相動静《どうせい》」を見ること。前日の総理大臣の1日の動きが公表されている。

ある総理大臣の、1日のスケジュールを見てみよう。右が国会が開かれている日、左が国会が開かれていない日。移動中も、国会での質問に備えて準備をしている。国会が開かれていないときにも、地方へ出張したり、外国からのお客様をもてなすために会食を催《もよお》したりと、やることはさまざま。

国会のあるなしにかかわらず、総理大臣のスケジュールは分刻《ふんきざ》みで決められている。休日は決められておらず、大地震などの大きな災害《さいがい》や突発的かつ重大な出来事があったときには、何日も休まずに働くこともある。

●国会が開かれていない日

8:22～ 9:05	△△党幹事長代理と面会
9:06	徒歩で公邸発
9:07	官邸着
9:08～ 9:46	××経済産業大臣、〇〇国土交通大臣、△△・□□正副官房長官、××万博担当大臣、〇〇官房副長官補、△△首相補佐官、経産省の□□事務次官、××製造産業局長、〇〇商務・サービス審議官と面会
9:47～ 9:55	△△党衆院議員と面会
10:36～11:06	△△党衆院議員と面会
11:37	官邸発
11:47	JR東京駅着
12:00	やまびこ137号で同駅発
13:31	JR福島駅着
13:35	同駅発
14:03	福島市の複合施設「パルセいいざか」着。福島県知事出迎《でむか》え
14:07～14:15	福島県知事と面会
14:21～14:28	△△党東日本大震災《だいしんさい》復興加速化本部長と面会
14:30～15:48	県主催の東日本大震災追悼《ついとう》復興祈念《きねん》式に出席。あいさつ、献花
15:56～16:09	報道各社のインタビュー
16:10	同所発
16:41	JR福島駅着
16:52	やまびこ66号で同駅発
18:23	JR東京駅着
18:28	同駅発
18:42	官邸着
19:22	〇〇国の皇太子を出迎え
19:24～19:51	皇太子と会談
19:53～19:55	文書交換式
19:57	徒歩で官邸発
19:59	公邸着
20:05	首相夫妻主催《しゅさい》の夕食会開始
20:58	夕食会終了
20:59～21:01	皇太子を見送り

●国会が開かれている日

8:05	徒歩で東京・永田《ながた》町の公邸発
8:06	官邸着
8:09～ 8:37	△△、〇〇両官房副長官と面会
8:46	官邸発
8:47	国会着
8:50	衆院第1委員室へ入る
8:59	衆院予算委員会開会
12:05	衆院予算委散会
12:06～12:07	××総務大臣と面会
12:08	同室を出る
12:10	院内大臣室へ入る
12:11～12:15	△△官房副長官と面会
12:47	同室を出る
12:51	参院第1委員会室へ入る
12:54～12:57	××総務大臣、〇〇財務大臣と面会
13:22	参院予算委開会
16:43	参院予算委散会
16:44	同室を出る
16:46	国会発
16:48	官邸着
17:02	官邸発
17:03	国会着
17:04	△△党総裁室へ入る
17:06～17:17	△△党役員会
17:18～17:25	△△党副総裁、□□幹事長と面会
17:26	同室を出る
17:27	国会発
17:29	官邸着
18:53	徒歩で官邸発
18:54	公邸着

出典：NHK政治マガジンを参照して作成

ありがとうございまーした！
いたずらの話《はなし》、面白《おもしろ》かったね
まじめな優等生《ゆうとうせい》じゃなかったんだね
僕《ぼく》は、あれってただのいたずらじゃない気《き》がした
自分《じぶん》の今《いま》が、「なんか違《ちが》う」って思《おも》って…
変《か》えたかったんじゃないかなぁ
僕《ぼく》は、たまにそう思《おも》うことがあるよ
うーん…我慢《がまん》するだけじゃなにも変《か》わらないのはわかるけど、
お稽古《けいこ》の先生《せんせい》をトイレに閉《と》じ込《こ》めるのはどうなの？

だけど、そこまでやらなきゃ変《か》わらないと思《おも》ったんじゃない？
ん～……
私《わたし》も変《か》えたいことがあって…
水泳教室《すいえいきょうしつ》より、ダンスを習《なら》いたいって両親《りょうしん》に相談《そうだん》したの
あれ？でも、まだ水泳教室《すいえいきょうしつ》に通《かよ》ってるよな？
うん…。パパは、新《あたら》しい挑戦《ちょうせん》はいいことだって言《い》ってくれたけど、
ママは、一度《いちど》始《はじ》めたことを途中《とちゅう》で放《ほお》り出《だ》すのはダメだって……
どっちの意見《いけん》も、間違《まちが》ってはいないけど……
それであきらめたの？
そうじゃないけど、二人《ふたり》がケンカになりそうだったから、話《はな》せなくなっちゃった……

ケンカか…
細川《ほそかわ》さんは、たくさんの違《ちが》う考《かんが》えの人《ひと》をまとめてたよ
あれって、細川《ほそかわ》さんの強《つよ》い決意《けつい》があったからできたんだと思《おも》う
強《つよ》い決意《けつい》…
「絶対《ぜったい》にやりたい！やりとげる！」って気持《きも》ちを伝《つた》えられたから
違《ちが》う意見《いけん》の人《ひと》を説得《せっとく》できたし、大《おお》きな変化《へんか》をもたらすことができたんじゃないかな？
そうだな、なんとなく嫌《いや》だ……ってだけじゃ、世界《せかい》は変《か》わらないんだ
さて、次《つぎ》へ行《い》ってみるかの
いろいろな立場《たちば》や意見《いけん》があって、
いろいろな人《ひと》が様々《さまざま》な方法《ほうほう》で舵《かじ》とりに挑《いど》んでおる

次《つぎ》は、社会党《しゃかいとう》から二人目《ふたりめ》の総理大臣《そうりだいじん》、村山富市《むらやまとみいち》元総理《もとそうり》に会《あ》いに行《い》ってみよう
社会党《しゃかいとう》？
社会党
自民党《じみんとう》と主義《しゅぎ》・主張《しゅちょう》が対立《たいりつ》することが多《おお》かった党《とう》だよ
へ～
あっ
村山富市 （大正13年
うちのおじいちゃんと同《おな》い年《どし》で総理《そうり》になってる！
うちのおじいちゃんは家《いえ》でのんびりしてるのに
なぜ、村山《むらやま》さんは、総理大臣《そうりだいじん》なんていう大変《たいへん》な仕事《しごと》をしようと思《おも》ったんだろ？
そりゃ、細川《ほそかわ》さんみたいな強《つよ》い気持《きも》ちがあったからだよ
うん…細川《ほそかわ》さんに続《つづ》いて自民党以外《じみんとういがい》の政党《せいとう》だし、日本《にほん》に何《なに》か変化《へんか》があったのかも
うむ。ちょっと変《か》わったいきさつじゃ
さっそく行《い》ってみようかの

村《むら》山《やま》富《とみ》市《いち》

第81代内閣総理大臣

試験の結果がビリで、猛勉強《もうべんきょう》した小学生時代

僕は、大分の漁村《ぎょそん》でたくさんの兄弟と育ちました。僕らが子どものころは、隣《となり》近所《きんじょ》もみんな自分の家みたいなもので、よその家でご飯をごちそうになったり、また別の家で食べたりしていました。ごく普通《ふつう》の平凡《へいぼん》な子どもです。

そのころ、知り合いから西洋種《せいようしゅ》の猟犬《りょうけん》をもらって飼《か》っていて、かわいがっていました。当時は珍《めずら》しかったので、学校の先生に「その犬が欲しい」と言われて、僕が知らないうちに母親があげてしまったんです。でも、行った先でつながれていた縄《なわ》をかみ切って、うちに帰ってきました。それがとてもうれしくて……。犬が好きでしたね。

成績は、あまりよくありませんでした。そのころの義務教育《ぎむきょういく》は、尋常《じんじょう》小学校の6年と、その後の高等小学校の2年の、8年間でした。尋常小学校の後は、上の学校に行く子どもと、2年間の高等小学校を卒業《そつぎょう》して就職する子どもに分かれたんですよ。

小学校4年生くらいから、上の学校に行く受験組の子どもと、義務教育だけで終わる子どもはクラスが分かれるんです。僕は、兄弟も多いし上の学校には行け

●尋常小学校
小学校の昔の呼び方。

●上の学校
進学を希望する人が行く学校。

なかったから、受験組のクラスには入りませんでした。

尋常小学校の後、２年間の高等小学校を卒業したら就職すると決まっていました。でも一回試《ため》してみようと、６年生の時に受験組に入ってみたんです。

試験があって、結果が廊下《ろうか》に貼《は》り出《だ》されました。それを見に行ったら、僕の名前がないんです。おかしいなと思ってずっと見ていったら、一番最後に名前が書いてありました。成績順で名前が載《の》りますから、つまり、「最下位」ということです。いくらなんでもこれは恥《は》ずかしいと思って、それからは、自分なりに猛勉《もうべん》強《きょう》しましたね。

義務教育で終わると思っていたけど、勉強したらその成果《せいか》が出て、高等小学校に入ってからはクラスで１、２番ぐらいの成績でした。そんな子ども時代でしたね。

14歳《さい》で親元を離《はな》れ、油まみれの工場勤務

高等小学校を卒業してから、東京に出て町工場で働きました。

大分県出身で、東京で小さな町工場を開いている人が、見習い作業員を募《ぼ》集《しゅう》す

るために帰って来たんです。それで、東京に行ってみようかと思いましてね。友だちと2人で応募《おうぼ》して、2人で一緒《いっしょ》にその工場に入りました。

一緒に行った友だちは、音《ね》を上げてすぐに大分に帰ってしまいましたが、

「俺《おれ》は帰らん」

と言って僕は残りました。旋盤《せんばん》の機械が2台ある、五反田《ごたんだ》の小さな町工場です。そこで、油にまみれて働いていました。

その様子を伝え聞いた親たちは、

「そこにいてもしかたがないから、もう大分に帰ってきなさい」

と口々に言ったけれど、僕はせっかく東京に来たから、納得《なっとく》するまで帰りたくなかったんです。そうしたら、親が頼《たの》んだ人が僕を迎《むか》えに来たんです。

あの時のことは、今でも覚えています。工場の前に理髪店《りはつてん》があって、僕があまりにも汚《よご》れていたから、迎えに来た人が散髪に連れて行ってくれたんです。頭を洗ってもらう時、理髪店の店主が、

「汚れているから、丁寧《ていねい》に洗ってあげなさい」

と従業員に言ってくれました。こういうことは忘《わす》れないものですね。

●旋盤
材料（金属《きんぞく》など）を取り付けて回転させ、そこに硬《かた》い工具を当てて削《けず》る機械。

印刷所に移り、夜間高校へ

散髪してきれいにしてもらってから、築地本願寺《つきじほんがんじ》の近くの印刷所に連れて行かれました。その印刷所の経営者は大分の山香町《やまがまち》の出身で、そこで働くことになりました。

その印刷所は、従業員が100人近くいました。仕事は、夕方の5時までだったので、「仕事が終わってから、学校にでも行ったら?」と言われて、夜間学校に通うことになりました。東京市立京橋商業学校《きょうばししょうぎょうがっこう》という学校でした。

明治大学時代、人生観を作った寮《りょう》生活

商業学校を卒業《そつぎょう》後、人にすすめられて、明治大学の夜間部に進学しました。大学には「哲学《てつがく》研究部」という部があって、その部の先輩《せんぱい》が、いろいろ世話してくれたんです。

そのころ、「至軒寮《しけんりょう》」という寮が東京大学の前にありました。それはもともと上杉慎吉《うえすぎしんきち》さんという東大の先生が作った私塾《しじゅく》を寮にしたものでした。その寮に先

輩にすすめられて入りました。

寮《りょう》には、東大とか早稲田《わせだ》の学生がたくさんいました。今振《ふ》り返《かえ》ってみると、僕は学校の授業料をどうやって払《はら》ったのか、どうやって生活していたのか、覚えていません。当時はなんとか生活できたんでしょうね。

至軒寮《しけんりょう》に入ったことで、自分の社会観や人生観が変わっていきました。政治家になろうと思ったことはありませんでしたが、そのころから社会運動や社会活動といったものに関心をもつようになりましたね。

初めての選挙《せんきょ》は、銭湯《せんとう》で演説

大学を卒業《そつぎょう》し、大分で漁村の民主化運動を手伝ってほしいとの話があり、大分に帰りました。大分県漁村青年同盟《ぎょそんせいねんどうめい》に入って、民主的な漁業協同組合設立の運動をしているとき、友人に選挙の運動を手伝ってほしいと言われて手伝ったんです。社会党の木下郁《きのしたかおる》さんという方が、大分市長選挙に出たので、その応援《おうえん》をした縁《えん》で社会党に入党しました。

1951年に大分市議会議員選挙があった時、

●社会党
現在の社会民主党。当時、社会主義を掲《かか》げる革新政党として、自民党を批判《ひはん》する最大野党だった。

「市議会議員に立候補《りっこうほ》してみたらどうだろう」

と言われて選挙に立候補しました。選挙に使える資金はなかったので、友人と2人で大きなメガホンを作って演説していましたね。

演説中に車が通ったら、その音で声が聞こえなくなります。でもメガホンのほかに道具がないからしかたがありませんでした。そうしたら友人に、

「静かないいところがある」

と言われて、銭湯に連れて行かれたんです。

「いくらなんでも銭湯はないでしょ」

と言ったら、

「やる気はあるのか。わしが先にやるから、あんたは後からやればいい」と。

そうして友人に背中を押されて、銭湯で選挙演説をしました。

「あなたたちは今、裸《はだか》でしょう。政治は嘘《うそ》が多いですが、今は裸で話をしましょう」

と銭湯の客に語りかけたんです。

まさか銭湯で演説をするとは思いませんでした。選挙では思いがけないことが起こりますね。

市議会議員から衆議院《しゅうぎいん》議員に

その時の選挙《せんきょ》は落選《らくせん》しましたが、予想以上に票を獲《と》ることができたんです。

「あれだけ獲ったんじゃから惜《お》しいけん、もう一度出てみろ」

と言われて4年後の市議会議員選挙に出たら、4番目か5番目ぐらいで当選しました。でもその時は、政治家になろうなんて気持ちはまったくありませんでしたね。一生懸命《いっしょうけんめい》やるだけでした。

でもそれからは勢《いきお》いに乗って、3回目の選挙ではだんとつのトップ当選でした。

それから、市議会議員を2期半、県議会議員を2期半務《つと》めました。

そして1972年の衆議院選挙でもトップで当選し、衆議院議員になりました。

お金はありませんでしたが、多くの方々の支援で当選できました。

衆議院議員としての取り組み

人間にとって一番大切なのは、まず働くことだと思っています。働くことで生活が保障《ほしょう》される。でも、一生働けるわけではないでしょう。仮に60歳《さい》の定年で仕

事を辞《や》めるとすると、その後の老後の生活をどう保障するかというのが問題です。そこで僕は、働くことと老後の保障、これが人間にとって一番大事じゃないかと考えました。

その2つをよくしていくために、自分はどこで力を発揮《はっき》したらいいのかと考え、衆議院の社会労働委員会に入りました。そして何年かすると、党のみんなから「予算委員会に行ってほしい」と言われたんです。

「社会労働委員として働くことが自分の役目だから、ここを動くつもりはない」と何度も断ったのですが、みんなから、「どうしても」とお願いされました。それで予算委員会に行って、3年くらい仕事をしました。

すると、今度は社会党の国会対策委員会に行ってほしいと言われ、次は委員長になってほしいと言われて、国会対策委員長になりました。そのころから、ほかの党の議員とも話すようになったんです。

そして1993年に、社会党委員長になりました。これも自分で望んでその役職についたわけではありませんでしたが、ただ引き受けた以上はその役職に、全力で、一生懸命取り組みました。

●社会労働委員会
今の厚生労働委員会。社会保障制度、医療・公衆衛生、社《しゃ》会福祉《かいふくし》・人口問題、労働、雇《こ》用《よう》などを審議《しんぎ》する。

●予算委員会
内閣が提出する予算案を審議する委員会。予算の性質上、国の政治のあらゆる重要事項についての審議が行われる。

●社会党委員長
日本社会党の最高責任者。自民党の最高責任者は総裁という。

突《とつ》然《ぜん》の自民党有名議員の訪問

総理大臣になりたいなんて、思ったこともないし、第一なれるなんて考えたこともありませんでした。「総理大臣になってほしい」と頼《たの》まれた時、「絶対に無理」と断りましたよ。

いまだかつてそんな総理大臣はいないでしょうね。

その当時、衆《しゅう》議《ぎ》院《いん》に自民党の石《いし》原《はら》慎《しん》太《た》郎《ろう》と中《なか》尾《お》栄《えい》一《いち》という議員がいました。本会議で顔は合わせますが、話をしたことはなかったんです。ある日突然、その2人が議員会館の僕の部屋に来て、座《すわ》っていました。

「何事ですか?」

と聞くと、

「突然の話ですが、あなたに総理大臣をやってほしいんです」

と2人が言いました。

僕は、

「いくらなんでも、あなた方に言われたからって、『ああ、そうですか』と総理大臣をやるわけにはいきませんよ。そんなことは全然考えられません」

とつっぱねました。お茶も出さずに帰ってもらおうとしましたが、

「一回座ってください」

「いや、だめです。第一、話を聞いたらややこしくなるから、お帰りください」

こうして押《お》し問答《もんどう》を繰《く》り返《かえ》した後、ぶつぶつ言いながら2人は帰って行きました。だから、話はそれ以上聞かないままでした。「社会党委員長が自民党に頼まれて総理大臣になれるはずがない」と思いましたね。

それ以降、僕に総理大臣をやってくれなんて言った人は誰《だれ》もいませんでした。党同士の話やいろいろな経緯《けいい》はあったかもしれませんが、僕に言ったら

「冗談《じょうだん》じゃない、とんでもない」

と、はねつけるから、誰も言わなかったんでしょう。

首班《しゅはん》指名《しめい》選挙《せんきょ》で総理大臣に選出

1994年、自民党・社会党・新党さきがけの連立《れんりつ》政権《せいけん》ができました。与党《よとう》にはなりましたが、僕は何も聞かされないまま、国会本会議で首班指名選挙の投票が行われました。

●自民党に頼まれて…
保守政党の自民党と革新政党の社会党は、戦後長い間与党と最大野党として争い、批判《ひはん》し合ってきた関係。

総理大臣を決めるには、全衆議院《しゅうぎいん》議員による投票があり、普通《ふつう》はそれぞれ自分の党の代表に投票します。

1回目の投票では過半数の票をとった議員がいませんでしたが、自民党の海部《かいふ》俊樹《とし き》元総理大臣と社会党委員長の僕の2人に、票が集まりました。それで2人の決選投票になったんです。そしてその結果、当時議長だった土井《どい》たか子《こ》さんが、壇上《だんじょう》から、

「投票の結果、村山富市《むらやまとみいち》さんが内閣《ないかく》総理大臣に指名されました」

と宣言《せんげん》しました。

「とんでもないことが起きた」と驚《おどろ》くばかりでした。すると社会党の人が来て、「こうなったらしかたがない、決断してください」と口ぐちに言いました。

それまで「本会議で決まったからって、急に自分が総理大臣になるわけにはいかない」と、しばらく断り続けていましたが、国会本会議の投票で決まったことは重く、これ以上断ることはできないと腹をくくりました。

そうして、総理大臣になったんです。

●首班指名選挙
内閣総理大臣を選ぶための選挙。衆議院と参議院それぞれで行われ、両院の結果が一致しなかった場合は衆議院で選ばれた人が総理大臣となる。

総理大臣の最初の仕事

総理大臣になったら、まずは閣僚《かくりょう》を決めなければいけません。連立政権《れんりつせいけん》だから、自民党に何名、社会党に何名、新党さきがけに何名と、数の割り当てをします。各党から候補者《こうほしゃ》を出してもらって決めていくのですが、僕は自民党の議員のことは全然知らないから、どの人がいいか判断できなくて困《こま》りました。

そこで自民党の亀井静香《かめいしずか》さんに来てもらって、一緒《いっしょ》に考えたんです。そして候補者を一人ひとり呼《よ》んで、

「あなたに○○大臣をしてもらいます」

と言うわけです。

この時の亀井さんとのやりとりは、今でも覚えていますよ。

「あなた、名前は『しずか』だけど、実は静かじゃないって話を聞きますよ。大丈夫《だいじょうぶ》ですかね（笑）」

「総理、それは心配いりません。僕は悪い人間に対しては強い態度をとるけれども、弱い人間は助けますから」

「僕は『弱い』から助けてくれるのか」

●最初の仕事
総理大臣は内閣（行政府）のトップとして、行政機関（各省庁）のトップである閣僚（大臣）を任命する。

と、そんなやりとりがありましたね。

名前もよく知らないし、顔も知らない、性格もよくわからない。そういう人を大臣に指名するわけだから、大変な作業ですよ。しかし、まわりの人や官僚《かんりょう》がよく手伝って仕事をしてくれて、なんとか乗《の》り越《こ》えました。

「村《むら》山《やま》談《だん》話《わ》」の背景

僕が総理大臣になった翌年《よくとし》は、ちょうど戦後50年の節目《ふしめ》でした。

これは、歴史的な役割を課《か》せられたと受け止めました。そして、自分の役割は何かと考えました。社会党の委員長が総理大臣になったのですから、戦争を終えて50年の節目に強調すべきことは、

「もう日本は二度と戦争をしない」

とはっきりと言うことだと考えました。それで戦後50年談話（村山談話）を発表したんです。これは、過去を反省して、もう戦争はしないということを宣言《せんげん》した談話です。

50年談話というのは、僕の総理大臣としての基本的な考え方になっています。

この談話発表に関して、閣僚《かくりょう》は全会一致《ぜんかいいっち》。反対意見は出ませんでした。腹の中では、「何を言っているんだ」と思っている人もいたと思います。「よく知らないやつが総理大臣になって。まあ、やるだけやってみろよ」と冷ややかに思う人もいたでしょうね。

憲法改正《けんぽうかいせい》について

憲法だけは絶対ゆずりません。日本国憲法だけは、守らなくてはいけません。「日本は、絶対に戦争をしない」——これは僕の政治生命のすべてです。

今も自衛隊《じえいたい》を軍隊として認めるかどうかが問題になっています。自衛隊は災害《さいがい》派遣《はけん》とか、いろいろな意味で必要ですが、国土と国民を守るのが目的で、戦争をするためのものではありません。

戦争はしない、専守防衛《せんしゅぼうえい》が大原則です。だから、憲法改正は絶対に認められません。

●専守防衛
先制攻撃を行わず、攻撃を受けてから自衛のための必要最小限の防衛力を使って守備防衛に徹すること。

もっと実行すればよかった「常《つね》に大衆《たいしゅう》とともに」

やり残したことはありませんが、もう少し思い切ってやればよかったということはあります。

たとえば、地方に行く時、総理大臣の警備《けいび》はすごく厳《きび》しいんです。電車のホームに「ここから先は入れません」と線が引いてあって、警備しています。総理大臣が来るのは珍《めずら》しいから、多くの人が駆《か》けつけて遠くから見ているのですが、僕はみんなにあいさつしながら自分から寄っていくから、警備がはらはらしていましたね。

でも大衆と総理大臣を警備が隔《へだ》てるのは、よくないと思っています。「常に大衆とともに」「大衆の中に」。これが僕の政治信条《しんじょう》ですから。総理大臣になって孤《こ》立《りつ》するなんて、僕の信条に反しますね。

たとえロープが張《は》ってあっても、僕からみんなのほうに行けばよかったと思います。誰《だれ》が僕に危害《きがい》を加《くわ》えるんでしょう。恨《うら》みを買ったこともないですし。ずっとそういう主義で生きてきたので、もっともっと国民に寄っていけばよかったと思っています。

自分に正直に、自分を大切に生きてほしい

最後に、今を生きるみなさんへ伝えたいことがあります。

それは、「自分に正直」に、「自分を大切にすること」を考えてほしいということです。

「自分を大切にすること」は、まわりの人を思いやり、大切にすることの基本になると思うんです。今の若い人は、周囲の人たちに対して、とても優しいと思います。同じように、もっと自分を大切にしてほしいです。

政治の基本用語①

左翼
右翼
革新
保守
フランス革命後の
政治情勢に由来する
議長

右翼《うよく》・左翼《さよく》の名前の由来は？

政治的信条を表す言葉に右翼・左翼、または右派・左派というものがある。右翼または右派は、これまでの社会システムを変えずに守る「保守《ほしゅ》主義」が基本的考え方。一方で、左翼または左派は自由と平等を求めて社会を変えていこうという「革新主義」の立場をとっている。

右翼・左翼の呼び方の起こりは、18世紀末のフランス革命にさかのぼる。そのころの議会で、議長席から見て右側に国王の権利を認める保守派が陣取《じんど》ったのに対して、左側に国王や貴族の政治参加を制限して民衆による政治を求める勢力が集まったことから、こう呼ばれるようになった。

右翼は歴史や伝統《でんとう》、古い価値観を大事にするので、自国の歴史や伝統を最も優《すぐ》れていると考える国粋主義《こくすいしゅぎ》とも結びつきやすい。その結果、外国人の排除《はいじょ》につながる場合がある。

おちゃめでやさしい瞳《め》のおじいちゃまだった!
お風呂屋《ふろや》さんで演説《えんぜつ》するところ、想像《そうぞう》したら笑《わら》っちゃった
だけど、14歳《さい》で家《いえ》を出《で》て、遠《とお》くで働《はたら》くなんて…
ぼくには、想像《そうぞう》もできないや
そうやってどんどん頑張《がんば》っていたら
まわりを引《ひ》っ張《ぱ》って、皆《みんな》から信頼《しんらい》される人《ひと》になっていたんだね
一生懸命《いっしょうけんめい》働《はたら》きながら、勉強《べんきょう》も…

でもさ、村山《むらやま》さんは「自分《じぶん》を大切《たいせつ》に」って言《い》ってたよ？
無理《むり》しないで、楽《らく》に生《い》きようって意味《いみ》じゃないの？
人間《にんげん》って「面倒《めんどう》くさい、楽《らく》したい」って思《おも》うことも多《おお》いけど
それって、照《て》れ隠《かく》しで、斜《しゃ》に構《かま》えたフリのことも多《おお》いんだ
本当《ほんとう》は、頑張《がんば》りたい人《ひと》も多《おお》いはずだよ
だけど、一《ひと》つひとつやるべきことをやっていくってすごく難《むずか》しい
お兄《にい》ちゃん…
先《さき》が見《み》えないと、こんなこと無駄《むだ》なんじゃないかって思《おも》っちゃうけど
「自分《じぶん》を大切《たいせつ》にする」って、自分《じぶん》の本当《ほんとう》の望《のぞ》みを地道《じみち》にかなえていくことなのかも……

そうだね、
そういう経験《けいけん》って、
将来《しょうらい》きっと
自分《じぶん》の役《やく》に立《た》つし!
ウム
たぶんそれは誰《だれ》か
ほかの人《ひと》の役《やく》にも
立《た》つはずじゃ
やっぱり
僕《ぼく》が君《きみ》なら、
総理大臣《そうりだいじん》を
目指《めざ》すのになぁ
総理《そうり》になるのは、
宙《そら》にまかせるよ
僕《ぼく》が
総理大臣《そうりだいじん》なんて、
なれるわけ
ないよ……
宙《そら》が未来《みらい》で
総理大臣《そうりだいじん》を
やりなよ
丸投《まるな》げ!?
ホースケさん……
勉強《べんきょう》より
遊《あそ》びが好《す》きな子《こ》は、
総理大臣《そうりだいじん》に向《む》かない
ですか?

そんなことはないぞ
遊《あそ》ぶのが大好《だいす》きで、勉強《べんきょう》は苦手《にがて》……
子《こ》どもの頃《ころ》は、ちっとも政治家《せいじか》にはなりたくなかった
そんな総理大臣《そうりだいじん》も平成《へいせい》におる
しかし、その総理《そうり》は大《おお》きなことを成《な》しとげ、この時代《じだい》でも人気《にんき》があるんじゃ
大《おお》きなこと？
「郵政民営化《ゆうせいみんえいか》」は聞《き》いたことがあるかな？
その人《ひと》は、小泉純一郎《こいずみじゅんいちろう》元総理《もとそうり》じゃよ
JP NETWORK
郵便局
知《し》ってる！
僕《ぼく》が生《う》まれたころの総理大臣《そうりだいじん》だ
小泉純一郎
第87,88,89代内閣総理大臣
生年月日 昭和17年1月8日
出身地 神奈川県
就任時年齢 59歳
在職期間 平成13年～18年
有名《ゆうめい》で、人気者《にんきもの》の総理大臣《そうりだいじん》！僕《ぼく》みたいな人《ひと》かな？
いってみよ〜う!!
ヤレヤレ

小《こ》泉《いずみ》純《じゅん》一《いち》郎《ろう》

第87・88・89代内閣総理大臣

引《ひ》っ込《こ》み思《じ》案《あん》だった小学生時代

父が政治家でした。でも私は、政治家にはなりたくないと思っていたんです。私の父が政治家だということを、まわりの生徒も先生もわかっているわけですよ。黙《だま》っていても注目を集めてしまうのが嫌《いや》でした。それで、できるだけ目立たないようにしていた気がします。だから、かなり、引っ込み思案で、おとなしい生徒だったと思います。

ベーゴマ、虫とり、川遊びが好きだった

小学生のころに熱中したのは、ベーゴマ、ビー玉、めんこ。その中でも一番好きだったのはベーゴマでした。ベーゴマ、知ってるかな？ 鉄のコマです。友だちのコマとぶつけ合って、相手のコマを枠《わく》の外に出したら勝ち。やすりで削《けず》って鋭《するど》くするんです。

あとは、セミとり、トンボとりが好きでした。近くに山があったから、夏休みは近くの山に行ったり、川に行ったりして、朝から虫とりをしましたね。夕方に

なると、土の中からイモ虫《むし》みたいなセミの幼虫が出てくるんですよ。その幼虫が木に登って、夜中に殻《から》を脱《ぬ》いで羽化《うか》するんだけど、夕方に土から出てくるところを捕《つか》まえて、自宅の植木鉢《うえきばち》におくんです。それが夜中に羽化するのを見てたら、楽しくてね。あのイモ虫みたいな幼虫が殻を割って、セミが出てくる。アブラゼミは茶色でしょう？　でも出てきた時は白いんですよ。これが朝までに茶色くなるんです。

それから、トンボの幼虫のヤゴ。川にいるヤゴを捕まえて、小さな池に持ってきて育てたりもしました。あとはよくおにごっこをしましたね。

「ターザン」という映画がありました。主人公はジャングルで、野生の動物たちと仲よく暮らしているんです。上半身は裸《はだか》で簡単な腰巻《こしまき》を巻いて、「ア～アア～」って大きい声で叫《さけ》びながら、ツタを使ってジャングルを自由自在に飛び回る。その映画を見て、まねしたり、そんな遊びに熱中しましたね。

チャンバラもしました。嵐寛寿郎《あらしかんじゅうろう》という役者が鞍馬天狗《くらまてんぐ》をやっていて、悪い人を懲《こ》らしめる。そのまねをしていました。

そんな遊びばっかりして、勉強なんてしなかったですね。

●鞍馬天狗
時代小説の主人公。映画・テレビドラマシリーズが大ヒットした。

政治家にはなりたくなかった

先ほども言いましたが、父は政治家だったけど、私自身は政治家にはなりたくないと思っていました。もう少し詳《くわ》しく言うと、そもそも政治家というものがどういうものか、全然わからなかったんです。

私が子どものころの小学校は生徒がとても多くて、全員が一度に通えませんでした。学校も先生も少なかったんです。だから、登校には「早番《はやばん》」「遅番《おそばん》」というのがあって、午前中と午後で、生徒によって登校する時間が分けられていました。一週間おきに交代していたと思います。早番は午前で学校が終わり、午後からは遅番の生徒が来ます。

自分が早番の時は、朝眠《ねむ》いから、「ああ、遅番だといいな、遅番は寝《ね》ていられるな」と考えます。でも、遅番だと、今度は、「自分はこれから勉強に行くのに、早番の人は今から帰って遊べるから、早番はいいな」と考えていました。そんな普《ふ》通《つう》の小学生だったんです。

特に父から、「政治家になるための教育」をされたわけでもありません。

父の選挙《せんきょ》を手伝って初めて知った政治家の仕事

小学生、中学生の時は父の選挙の手伝いもしなかったし、政治に関心もありませんでした。子どもだから、遊ぶのに夢中でした。

政治家になろうと思ったのは、大学時代に父の選挙を手伝ってからです。父の選挙の手伝いをしながら、「大事な仕事なんだな」と思いました。「世の中をよくしよう」「成果《せいか》を出そう」と、初めてそういう考えをもちましたね。大学に入るまでは、政治家になろうなんて、まったく思わなかったのに。

選挙で、各候補者《こうほしゃ》の演説があるでしょう。当時は、1つの選挙区《せんきょく》で1位から4位か5位くらいまで当選できました。だから、多くの候補者が出るんです。

1つの選挙区で、自民党だけじゃなくて、社会党や共産党など、いろんな政党の候補者が立候補《りっこうほ》します。それで、立会演説会《たちあいえんぜつかい》というのがありました。

会場に行くと、候補者全員分の演説が聞けます。持ち時間は一人20分、6人だと計2時間。政権演説《せいけんえんぜつ》では、候補者それぞれ言うことが違《ちが》います。大学時代、父の手伝いをするようになって、みんなの演説を聞いて、政治を勉強し始めました。

それまでは、「政治家になろう」とすら思っていなかったのに、政治家になろうと思った時からは、「将来は総理大臣になろう」と思っていました。なれるかどうかわからないけれど、当時から、「なりたい」という希望をもっていましたね。

総理大臣になって取り組んだこと

私の前の総理大臣は、財政構造改革《ざいせいこうぞうかいかく》を進めた橋本龍太郎《はしもとりゅうたろう》さんです。

橋本さんは、「民間企業《みんかんきぎょう》でできることは、できるだけ民間でやろう、民間に任せよう、行政《ぎょうせい》の無駄《むだ》をなくそう」という方針《ほうしん》でした。

私も、民間にできることは公務員・役所がやらなくてもいい、民間に開放して競争《きょうそう》してもらったほうがいいと考えました。それで、構造改革を進めたんです。

あとは年金、医療保険《いりょうほけん》、介護保険《かいごほけん》など、社会保障《しゃかいほしょう》制度こそ国民にとって大事だと思って、総理大臣としてそういった制度を整えようと取り組みました。

郵政民営化《ゆうせいみんえいか》で構造改革を

当時、郵便局《ゆうびんきょく》は国が運営し、郵便局では国家公務員が仕事をしていました。郵便局員が郵便配達、貯金、保険の3つの事業を扱《あつか》っていたんです。でも、民間の宅配業者に頼《たの》めば、荷物を持ってきてくれるでしょう？　貯金だって、銀行、信用金庫、信用組合などの金融機関《きんゆうきかん》がやっています。保険も、生命保険など民間企業がやっています。

「民間のことは民間に」と言いながら、どうして郵便局の仕事だけは国がするのか。そこで、難《むずか》しいことではありませんが、郵便局を民営化しようと考えました。民間がやっていることを民間にやってもらおうというのが、郵政民営化です。

かつて国営だった国鉄《こくてつ》が、JR《ジェイアール》という民間企業になりました。電電公社《でんでんこうしゃ》もNT《エヌティー》T《ティー》という民間企業になりました。当時はそれもみんな反対していました。でも、実際に民間になっても困《こま》っていないんです。国営じゃないと電車が来ないのかというと、そうではありませんよね。

民間企業は自分で稼《かせ》いで法人税という税金を国に払《はら》います。民営化というのは、今まで「国営」として優遇《ゆうぐう》されていたものを、普通《ふつう》にしただけなんです。そうして国家としての無駄《むだ》を省《はぶ》かなくてはいけないというのが、私の考えでした。

国民を巻《ま》き込《こ》んで答えを出した郵政《ゆうせい》解散《かいさん》

郵便局《ゆうびんきょく》には、特定郵便局と普通《ふつう》郵便局とがありました。昔から庄屋《しょうや》さんなどの資産家や地方の名士《めいし》が局長をしていた特定郵便局と、一般《いっぱん》の郵便局員が働いている普通郵便局の2種類があったんです。

そのどちらの局員たちも、民営化《みんえいか》してほしくなかったんです。国家公務員として国から給料をもらうほうが、民間企業《みんかんきぎょう》で働くより安定していて、たとえ業績が悪化しても簡単に辞めさせられることもありません。だから、国営企業《こくえいきぎょう》に勤《つと》めている人は民営化に反対するんですよね。

民営化に反対するために、30万人近い郵便局員が政治的な支援《しえん》をしていました。特定郵便局の人たちは自民党を支援していて、普通郵便局の人たちは社会党などの野党《やとう》を支援していたんです。同じ郵便局員なのに、政治的な立場は違《ちが》っていました。

郵便局員が各政党《せいとう》の支持団体だったから、与党《よとう》も野党も、国会議員は民営化に反対せざるを得《え》ませんでした。自民党も、社会党、共産党も、「郵便局は国家公務員がやらなくてはいけない」と、与野党《よやとう》全部が郵便局の応援団《おうえんだん》です。

総理大臣である私の提案に、私が所属する自民党が反対したんですよ。だから国会で「郵便局の民営化は必要ない」と否決《ひけつ》されました。でも私は、「国民には、『民営化できることは民間でやらせればいいじゃないか』という人が多い。だから国民に聞いてみよう」と言って、衆議院《しゅうぎいん》を解散しました。それが2005年8月の郵政解散です。

その結果、「民営化しよう」という私の主張が支持されて、選挙《せんきょ》で勝ちました。選挙に勝ったら、国会議員も嫌々《いやいや》ながら賛成してくれたんです。それで民営化が実現しました。そうして郵便局は民営化したけれど、今、何も困《こま》っていないでしょう。国家公務員じゃなくても同じ仕事はできるんです。

総理大臣が本気になれば実行できる

総理大臣が判断したらできることは、たくさんあります。

たとえば、それまでの総理大臣というのは、派閥《はばつ》の幹部《かんぶ》が推薦《すいせん》する人を大臣にしていました。派閥の有力者たちが、「自分の派閥の誰々《だれだれ》を大臣に」と推薦してくるんです。

●衆議院の解散
総理大臣は、国民の考えを聞くときなど、必要だと思った時に閣議決定に基づいて衆議院を解散できる。

●派閥
ここでは自民党内の政策集団のこと。

私の場合は、派閥の幹部や親分衆《おやぶんしゅう》には相談せずに、それぞれ自分で調べて、そのポストに合うと思う人を、大臣に任命しました。

派閥《はばつ》の幹部《かんぶ》からは怒《おこ》られたけど、みんな文句は言えません。総理大臣の権力というのはそれだけ強いんです。怒られる覚悟《かくご》があれば、やろうと思ったことができるんです。

人選《じんせん》だけではありません。人が反対しても、総理大臣がやろうと思えばできることはたくさんあるんです。

在職期間、力の限《かぎ》りを尽《つ》くす

総理大臣をやっていれば、やることにはきりがありません。

だから、一定の期間に何をやるか、優先順位《ゆうせんじゅんい》を決めることが大事です。

政治に休みはありません。やるべき課題はたくさんあるので、選挙《せんきょ》で負けない限りは、任期いっぱい総理大臣をすると決めていました。自分が正しいと思うことをやっているんですからね。

選挙に負けたら任期を残しても退陣《たいじん》するけれど、それ以外は、野党《やとう》から足を引っ張られても、批判《ひはん》を浴びても、途中《とちゅう》で辞《や》めない、任期いっぱいやっていこうと思っていました。

当時の自民党総裁《そうさい》の任期は最長で2期、6年でしたが、党則《とうそく》を改正して、私にもっと長くやらせようという意見も出ました。でも、自分はそれはしないと信念をもっていたんです。だから、2期の任期をまっとうして総理大臣の職を降りました。

賛否両論《さんぴりょうろん》ある中で、民主主義を重んじての決断

政治家は、賛否両論ある中でものごとを決めていかなければなりません。民主主義の時代に「全員賛成」ということはまずありません。6割賛成がいれば4割反対でしょうね。選挙の投票率を見ても、高くて60％です。日本国民は選挙権をもっていても、10人のうち6人くらいしか投票所に行かないということです。あとの4人の人たちは無関心。投票する6人のうちの4人が賛成、2人は反対で、残りはどちらでもいいという人です。

だから、ある問題に対して、賛否がどう分かれるかはわからない。だから、総

理大臣としての決断をどうしたらいいか、一生懸命《いっしょうけんめい》考えるんです。独裁《どくさい》政治ではありませんから、賛成も反対もあります。そういう中で決めていくのが民主主義なんですよ。

自民党はなぜ強いのか

政治というものは、野党《やとう》が強くないと、与党《よとう》も真剣《しんけん》になりません。だから野党が強くなることが必要なのですが、今は、1選挙区《せんきょく》から1人しか当選しない制度です。野党は一丸になれていないんです。本当に政権《せいけん》を担《にな》いたいなら、自民党みたいにまとまらなければいけない。

野党は立憲民主党や国民民主党など、党がたくさんあるでしょう。そうなると票が分散するから、勢力《せいりょく》を大きくできないんです。

一方、自民党はまとまっています。しかも公明党と連立政権《れんりつせいけん》を組んでいるから、強いんです。自民党と公明党が協力するのと同じように、野党がまとまって1つの選挙区で1人の候補者《こうほしゃ》を出す、という体制を作らない限《かぎ》り、野党が政権《せいけん》をとることはなかなかできないと思います。

そしてもう1つ、自民党の強さの要因《よういん》は、地元に根づいていることです。市議会議員も、県議会議員も、自民党は議員数が多いですよ。地元での運動を努力して行っているんです。

町内会や老人クラブなど、地元にはさまざまな会合があります。それぞれを応《おう》援《えん》する自民党の市議会議員、県議会議員がたくさんいます。自民党議員は地元の会合やさまざまな行事にもよく出ていて、地元に密着《みっちゃく》しているんですよ。だから強いんです。

あいさつは3分以内、テレビは10秒を意識

政治家として話をする時には、「ワンフレーズ・ポリティクス」という手法を使うようにしていました。

私は、政治家はできるだけ簡単に、わかりやすく話したほうがいいと思っています。ただ、そういう政治家は、まだ少ないですけどね。

学校の行事や卒業式《そつぎょうしき》・入学式で、校長先生や来賓《らいひん》の人の話が長いと嫌《いや》でしょう。退屈《たいくつ》なあいさつをする人が多いものです。私が生徒の時もそうでした。「なんで

●ワンフレーズ・ポリティクス 演説などの時、一言のキャッチフレーズを使うような短い言葉で国民に語りかける政治手法。

こんなに長く話すんだ。早く終わればいいのに」と思っていました。

だから、自分が総理大臣だった時は、あいさつはできるだけ短くしました。演説は10分、20分、30分と話さなくてはいけないけれど、普通《ふつう》のあいさつは、短ければ短いほどいい。私は3分以内に話すよう心がけていました。さまざまな行事の来賓《らいひん》あいさつは、できるだけわかりやすい言葉で、3分以内におさめることをいつも意識していました。

総理大臣時代、朝と夕方、毎日2回、新聞やテレビの記者たちがまわりに集まって質問をする、「ぶら下がり」という取材がありました。その時も、短い言葉を意識しました。「そんなに短く答えるのは無理だ」と言って、私の後の総理大臣はやらなくなってしまいましたけどね。

だらだら話すのはよくないんですよ。テレビで放映されるのは、10秒か20秒。そういう短い時間にどう答えるか、それは毎日心がけていましたね。

憲法9条改正は、今やるべきではない

憲法9条の問題は、「陸海空軍その他の戦力は、これを保持しない」という一

文をどう解釈《かいしゃく》し、どうするかという問題です。この一文は、日本は戦力をもたないと言っているわけです。でも実際は、自衛隊《じえいたい》という戦力があるでしょう？　だから、自衛隊の存在を認めるべきだと思います。

日本は悲惨《ひさん》な戦争を経験しました。だから、もう二度と戦争したくないという気持ちはわかるし、これからもしてはいけません。

「武力行使《ぶりょくこうし》しない」のはいいのですが、「陸海空軍その他の戦力は、これを保持しない」というのは欺瞞《ぎまん》ではないかと思うんです。陸上自衛隊・海上自衛隊・航空自衛隊という戦力があるから、他国からの侵略《しんりゃく》を阻止《そし》できるのです。

憲法9条のこの部分は、いずれ変えていかなくてはいけないと思います。

でもこれは、自民党だけではできません。野党《やとう》ともきちんと相談して、国会の3分の2の賛成を得られる時が来るといいと思っているのですが、今は争点にするべき問題ではありません。

実はバイオリニストになりたかった

生まれ変わっても政治家になりたいとは思いません。

●憲法9条全文
【第一項】
日本国民は、正義と秩序《ちつじょ》を基調とする国際平和を誠実に希求し、国権の発動たる戦争と、武力による威嚇《いかく》又は武力の行使は、国際紛争を解決する手段としては、永久にこれを放棄《ほうき》する。
【第二項】
前項の目的を達するため、陸海空軍その他の戦力は、これを保持しない。国の交戦権は、これを認めない。

●悲惨な戦争
第二次世界大戦のこと。全世界で軍人と民間人を合わせて5～8千万人が犠牲《ぎせい》になった。日本人も、軍人、民間人を問わず、多くの人々が亡くなった。

もし音楽の才能があったら、バイオリニストになりたかったんです。でも才能がないから政治家になりました。

私は昔から音楽が大好きなんです。歌謡曲《かようきょく》やポップスも好きだけど、一番好きなのはクラシック音楽。モーツァルトやバッハ、ベートーベン、ブラームスなどをよく聴《き》いています。

音楽を聴かない日はありません。寝《ね》る時はCDをかけているんですよ。昨日は、ヴェルディの「レクイエム」を聴きました。

クラシック音楽というのは、歌謡曲と違《ちが》って、聞いてすぐにいいとは滅多《めった》に思わないんです。だから、できるだけわからない曲を聴きます。何度も聴いているうちにだんだんいいと思えてきて、好きな音楽のレパートリーが広がっていくんですよ。

漫画《まんが》でもいいから読書をしよう

小学生時代はそんなに本は読まなかったけれど、『少年』という雑誌や、「ターザン」が載《の》っている雑誌に熱中していました。中学、高校の時も本はあまり読み

●国会の3分の2
憲法改正は国会議員の3分の2以上の賛成をもって国民に提案《ていあん》できる。その後国民投票を行い、有効投票の過半数の賛成を得ることができれば、憲法を改正できる。

●『少年』
当時大人気だった月刊少年漫画雑誌。

ませんでした。

読書が好きになったのは大学の時です。井上靖《いのうえやすし》や司馬遼太郎《しばりょうたろう》が好きで、信長《のぶなが》や秀吉《ひでよし》、家康《いえやす》、武田信玄《たけだしんげん》と上杉謙信《うえすぎけんしん》の川中島《かわなかじま》の戦い……。そういうものを扱《あつか》った歴史小説を読みましたね。

読書は非常に勉強になります。読んでいる人と読まない人は、人生で大きな差がつきます。最初はなんでもいいから興味《きょうみ》のある本をたくさん読みましょう。ある程度読まないと、「自分は何が好きか」はわかりません。読み進めると、自分はこれが好きだな、面白いなとわかってきます。

みんな漫画はすごく好きですよね。小説も漫画になると結構《けっこう》読みますよね。だから漫画でいいんです。最初は、なんでも自分の興味のあるものを、読むようにしていったらいい。それぞれ興味が違《ちが》っていいんですよ。

ただ、みんなにもすすめたいのは、私も好きな「歴史小説」です。ぜひ読んでみてください。戦国時代や、幕末《ばくまつ》時代は日本の激動期《げきどうき》。信長、秀吉、家康の3人の時代の物語や、吉田松陰《よしだしょういん》や高杉晋作《たかすぎしんさく》などが生きた幕末の時代について、歴史小説や漫画で読むのもいいと思います。人間を理解《りかい》するのにとても役に立ちますよ。

読書は一番勉強になります。

総理のまめ知識 ZOOM

総理大臣の暮らし②

SP《エスピー》に守られる生活

ニュースの映像などで、総理のまわりを大柄《おおがら》で強そうな人たちが取《と》り囲《かこ》んでいるのを見たことがある人もいるだろう。あの人たちはSP（セキュリティポリス）といって、総理の身のまわりを警《けい》護《ご》するのが役割。警視庁《けいしちょう》警護課に所属し、特別な訓練《くんれん》を受けている。

かつては目立たないように警護していたが、1975年に三木武夫《みきたけお》総理が暴漢《ぼうかん》に襲《おそ》われて転倒《てんとう》した事件があって以降、周囲からもはっきりわかるように総理を守るようになった。2022年には、安倍晋三《あべしんぞう》元総理が銃撃《じゅうげき》されて命を落とした事件（※元総理大臣の場合、同行するSPは1人）をきっかけに警護のあり方が大きく見直され、SPの増員やドローンなどを使った新技術も導入されることとなった。2023年の岸田文雄《きしだふみお》総理襲《しゅう》撃《げき》事件では、幸い大きな被害《ひがい》は出なかった。

SPになるには、身長や視力の条件のほかに、柔道《じゅうどう》か剣道、合気道《あいきどう》の上段者であること、拳銃操《けんじゅうそう》作《さ》が上級であること、英語力があることなどいくつかの条件がある。なお、女性のSPもいて、女性の対象者の警護にあたることが多い。

反対《はんたい》の人《ひと》がいても、その中《なか》で決《き》めていくのが民主主義《みんしゅしゅぎ》なんだね
でも、反対《はんたい》の人《ひと》に怒《おこ》られるのかぁ
やだなー！
そういう難《むずか》しい決断《けつだん》の積《つ》み重《かさ》ねで少《すこ》しずつ、よい社会《しゃかい》をつくってきたんじゃよ
歴代《れきだい》の総理《そうり》が頑張《がんば》ってきたんだね
じゃが、総理大臣《そうりだいじん》だって決断《けつだん》を間違《まちが》えることはある
だから、国民《こくみん》はちゃんと見《み》ていなければならん
でも、投票率《とうひょうりつ》っていうのを見《み》ると
国政選挙投票率
平成29年　53.68%
令和3年　55.93%
無関心《むかんしん》の人《ひと》が多《おお》いみたいだよ？
BOOK
有権者《ゆうけんしゃ》の半分《はんぶん》しか投票《とうひょう》してない！

投票《とうひょう》しない人《ひと》の気持《きも》ちもわかるかも
何《なに》が問題《もんだい》でどうしたらいいのかわからないし、誰《だれ》を選《えら》べばいいのかも、わからない
いろんな人《ひと》の考《かんが》えを知《し》るところからはじめないといけないね
ふだんからいろんなニュースも気《き》にしてないとだめだし
その人《ひと》が、言《い》ったことを本当《ほんとう》に実行《じっこう》するかもわからない
たしかに大変《たいへん》だ…
だから、自動《じどう》でやってくれるように僕《ぼく》の時代《じだい》にAI《エーアイ》政府《せいふ》がつくられたのかな…
やっぱり、AI《エーアイ》でいいんじゃないの?
だけどさ…

小泉《こいずみ》さんみたいに話《はな》し方《かた》を考《かんが》えて工夫《くふう》したり、伝《つた》えようと努力《どりょく》したり
そういう熱《あつ》い想《おも》いのこもった政治《せいじ》って、やっぱりいいと思《おも》うんだ
でもさ、その情熱《じょうねつ》がもし間違《まちが》った方向《ほうこう》に向《む》かっていたら？
だから、国民《こくみん》は無関心《むかんしん》じゃだめなんだよ
だけど、最近《さいきん》はフェイクニュースとかSNSの意見《いけん》とか
そういうのを見《み》てると混乱《こんらん》するし
何《なに》が本当《ほんとう》で、何《なに》が正《ただ》しいか、わからなくなる
まあね…
大変《たいへん》だけど、いろんな人《ひと》の意見《いけん》をじっくり聞《き》いて考《かんが》えるしかないよ
結局《けっきょく》、大切《たいせつ》なのは思《おも》いやりを持《も》っていろいろな立場《たちば》の意見《いけん》を知《し》ることなんだから
だって、自分《じぶん》の社会《しゃかい》のことでしょ？
この時代はSNSの過渡期だからね

人間《にんげん》の社会《しゃかい》とは、一人《ひとり》ひとりの心《こころ》と心《こころ》のつながりにほかならぬ
そのつながりが薄《うす》れれば、やがては社会《しゃかい》そのものがほつれてしまうじゃろう…
さて、次は東日本大震災《ひがしにほんだいしんさい》の後《あと》の日本《にほん》を託《たく》された総理大臣《そうりだいじん》を訪《たず》ねるとしよう
2011年《ねん》、大規模《だいきぼ》な災害《さいがい》が日本《にほん》を襲《おそ》った たくさんの街《まち》が破壊《はかい》され、多《おお》くの命《いのち》が失《うしな》われた
日本中《にほんじゅう》が、この悲劇《ひげき》に打《う》ちのめされたんじゃ
だが、心《こころ》を寄《よ》せ合《あ》い想《おも》い合《あ》い、皆《みんな》でこの危機《きき》に立《た》ち向《む》かった
この最大級《さいだいきゅう》の国難《こくなん》に国民《こくみん》とともに立《た》ち向《む》かった総理大臣《そうりだいじん》…野田佳彦元総理《のだよしひこもとそうり》にお話《はなし》をうかがおう

野《の》田《だ》佳《よし》彦《ひこ》

第95代内閣総理大臣

少年時代が一変した、小学6年生時の失敗

子どものころは千葉県の船橋《ふなばし》市に住んでいました。今はずいぶん都市部になっていますが、私が子どものころは、田んぼや畑があって、小さいころは野生的に元気に育ったんです。

私が変わったのは小学校6年生の時です。クラスのみんなから推《お》されて、生徒会長選挙《せんきょ》に出たんです。

全校生徒の前で、演説をしなくてはいけなくなりました。演説なんてしたことがなかったし、たくさんの人の前で話したことすらありませんでした。

出たくもないのに、クラスのみんなから推薦《すいせん》されて、とまどいながら出ました。そして、私は負けました。4クラスから1人ずつ候補《こうほ》が出たのですが、当選した子の演説が抜群《ばつぐん》にうまかったんです。冒頭《ぼうとう》の言葉に衝撃《しょうげき》を受けました。「私が当選した暁《あかつき》には」って言うんですよ。「アカツキ」という聞いたこともない言葉にショックを受けて、おじけづいたんです。その子は見事な演説で1位当選しました。お父さんやお母さんが、演説の手助けをしたのかもしれません。

2位は、今で言えばアイドル風のイケメンだったんです。女の子の圧倒的《あっとうてき》な支

持を受けていました。結局僕は最下位でした。ちょうど変声期《へんせいき》、子どもの声から大人の声になる時で、喉《のど》がむずむずして気持ちが悪い時期でした。無理に声を出そうとすると、すっとんきょうな声になるんです。緊張《きんちょう》しているし、その状況《じょうきょう》の中で第一声がそんな声だったんです。大爆笑《だいばくしょう》になりました。その結果、みじめに落選《らくせん》し、大ショックでした。

その後、中学、高校、大学と人前で何かやろうなんてことはまったく思わなくなりました。シャイな少年でしたね。小学6年生のこの失敗を、ずっと引きずっていたんです。

選挙の前と後で劇的《げきてき》に変わってしまった小学校時代でした。

子どものころは、本を読むと、その本に出てくるいろいろな仕事に興味《きょうみ》がわいていました。シャーロックホームズを読むと探偵《たんてい》に、ルパンを読むと怪盗に興味をもちました。

そのころは、読んだ本の影響《えいきょう》を受けて、将来やりたい仕事はしょっちゅう変わっていましたね。

人生を変えた「松下政経塾《まつしたせいけいじゅく》」

松下幸之助《まつしたこうのすけ》という人を知っていますか？　今の「パナソニック」という会社の前身を作った日本の有名な経営者《けいえいしゃ》です。

私が大学を卒業《そつぎょう》する時、その松下幸之助が、世直しをする人材を育成するために、松下政経塾という私塾を作ったんです。その第一期生を募集《ぼしゅう》する新聞広告を見てふと応募《おうぼ》したのが、人生を変えるきっかけになりました。

一期生の募集だから、当然実績《じっせき》はありません。パンフレットを取り寄せたら、全部イラストで、そのイラストを見たら何となく夢を感じて、ふと応募していたんです。無口でシャイな私が、合格したことで、人生が変わりました。

大学が政治学科だったので、本当は政治記者になって、ジャーナリズムの世界で生きていこうと思っていたんですが、政治家を目指してみようと思ったきっかけが、この松下政経塾という人材育成機関だったんです。

政治家を目指している人の中には、大学時代から弁論部《べんろんぶ》に入る人もいます。政治家になるために、演説やスピーチを学生時代から練習するんです。私は小学生時代の大失敗があったから、まったくそんなことをしようと思いませんでした。

●松下政経塾
「経営の神様」と呼ばれた松下幸之助が、未来のリーダーを育成するために設立した政治塾。50名以上の国会議員が生まれている。

●ジャーナリズム
新聞・雑誌・放送などでニュースを報道する活動。「立法・行政・司法」の三権を監視《かんし》する「第四権力」とも呼ばれる。

●弁論部
議論や討論《とうろん》を目的としたクラブ活動。弁論部出身の総理大臣には、竹下登《たけしたのぼる》、海部俊樹《かいふとしき》、小渕恵三《おぶちけいぞう》、森喜朗《もりよしろう》などがいる。

人前で話したり、演説したりということには無縁《むえん》でした。

人前で話したりはせずに政治をよくしていきたいという気持ちがあったので、新聞記者になろうと思っていました。だから、松下政経塾がなければ、政治家にはならなかったと思います。

「お金に汚《きたな》い政治を変えたい」という思い

私が子どものころ、田中角栄《たなかかくえい》さんという政治家がいました。今改めて評価もされていますが、総理大臣だった当時はスキャンダルが多く、金脈問題《きんみゃくもんだい》やロッキード事件など、多くの事件に関係していました。

その報道を見て、「政治って、なんて汚いんだろう」と思ったんです。私の住んでいる千葉県も、どちらかというと金権風土《きんけんふうど》として有名なところでした。

世の中のためになにかしようとする人たちが、なんでこんな汚れたことをやっているんだろう。それを変えていきたいというのが、政治家を志《こころざ》した発端《ほったん》でした。

●金脈問題
田中角栄の関係する企業が不正な取引で数百億円もの資産を形成した事件。

目の前の問題を先送りしない!!

総理大臣になる直前の2011年夏、『エコノミスト』というイギリスの雑誌に「日本化する欧米《おうべい》」という特集記事が載《の》りました。当時のアメリカ大統領《だいとうりょう》のオバマさんと、ドイツの首相のメルケルさんの2人が並んでいるイラストが載っていたんです。2人とも和服姿で、メルケルさんは頭にかんざしをさしていました。

その2人の後ろに富士山の絵があり、そこに「日本化する欧米」というタイトル。記事の中身は、「オバマも、メルケルを中心としたヨーロッパ・EU《イーユー》も、いろんな問題があるけれど、なんでも先送りする」という内容でした。問題を先送りすることを「日本化」と表現しているわけなんです。

国際社会は、日本の政治はなんでも先送りするという見方をしているんだなと思いました。その時、「自分が総理大臣になったら、目の前の問題については責任をもって決断していこう。問題の先送りはしない」と心に決めました。その思いが、総理大臣としての一番の心構《こころがま》えになりました。

●ロッキード事件
アメリカの航空機メーカーのロッキード社から、日本の政治家や企業の幹部《かんぶ》らに多額の賄賂《わいろ》が贈《おく》られた事件。

●金権風土
お金の力で選挙の票を集めるような環境。

●オバマ
アメリカ史上初めてのアフリカ系アメリカ人の大統領。

●メルケル
ドイツで初めての女性首相。

国民の不安をなくしたい

総理大臣としての取り組みの1つ目は、社会保障《しゃかいほしょう》でした。

国民が一番不安に思っていることは、社会保障の分野なんです。医療《いりょう》、年金、介護《かいご》という老後の生活に関わるところ、それから子育ても社会保障です。子育ての不安と老後の不安。国民はこれを一番心配しています。不安があるから財布《さいふ》のひもをかたく締《し》めて、消費をしないので経済が元気にならないのです。

不安をなくすためには、社会保障の基盤《きばん》をしっかり作り上げることが大事です。でも、社会保障は国の予算で一番お金がかかる。だからきちんとその財源《ざいげん》を確保することが必要だと考えました。

そこで、消費税《しょうひぜい》でその財源を確保していこうと、社会保障と税の一体改革《かいかく》をやろうと思いました。負担《ふたん》が増えることはみんな嫌《いや》がりますが、誰《だれ》かが負担しないといろいろなサービスができないわけですから、これは逃《に》げないでやっていこうというのが、総理大臣としての一番大事なテーマでした。「次の選挙《せんきょ》の結果」よりも「次の世代のこと」を考えると、この問題は今やらなければならない、という思いで取り組みました。

2つ目は領土をめぐる問題です。日本にとって大切な問題です。尖閣諸島《せんかくしょとう》という島があります。日本では、2012年までは、その島を個人が所有していたんです。しかし、個人では、もし他国が来た時に対応できないケースがあるので、国がきちんとその土地を確保しようと考え、国有化しました。

3つ目は、私が総理大臣になったのは東日本大震災《ひがしにほんだいしんさい》の半年後だったこともあり、東日本大震災の復旧復興《ふっきゅうふっこう》に力を入れました。

この3つが総理大臣として取り組んだ大きなテーマでした。

総理大臣は内閣《ないかく》のリーダー、同時に党のリーダー

総理大臣は、基本的には公務員のスタッフに支えられて、国家のマネジメントをするのが最大のテーマです。そこが一番力を尽《つ》くすところです。

同時に、民主主義、政党《せいとう》政治ですから、政党が総理大臣をきちんと支えてくれないといけない。国のマネジメントをする前提《ぜんてい》として、政党のマネジメントをしなくてはいけない。それが、党のリーダーとしての仕事です。どちらが難《むずか》しかったかと言えば、政党のマネジメントのほうが難しいという印象です。

●尖閣諸島
中国などが領有権を主張しているが、日本政府は領有権の問題は存在しないという立場にある。

●東日本大震災
マグニチュード9.0を観測し、震度《しんど》7の揺《ゆ》れと最大40.5メートルの巨大津波により、死者・行方不明者は1万8千人以上にのぼった。

●政党政治
同じ考えを持つ人が集まる「政党」が行う政治のこと。

総理大臣の一日は、分刻《ふんきざ》みのスケジュール

総理時代のスケジュールは決まったものはなく、毎日まちまちです。新聞に「首相動静《しゅしょうどうせい》」という欄《らん》があるので、それを読めばわかりますが、分刻みの毎日です。歴代総理大臣はみんな同じだと思います。

毎朝だいたい、7時くらいから会合が始まります。いろんな打ち合わせ、いろんな会議をするんです。

国会開会中は、どんな答弁《とうべん》をするかなど、各省《かくしょう》の役人と打ち合わせをします。そして8時くらいから、全大臣との閣議《かくぎ》が始まります。

そのほか、政府の最高の意思決定をする場面があったり、国会開会中だと9時くらいから各委員会があったりします。また、海外からのお客様との予定が一日おきくらいに入ります。その人たちと夕食会をしながら外交活動をします。その合間に別の案件《あんけん》が上がってくることもあります。

まさに、「毎日違《ちが》う内容が分刻み」なのです。重要なことも、じっくり考えたり、相談したりする時間などなく、素早く決断しなくてはいけないことが多いんです。

夜も政党関係の会議があったり、物事を進めていくためのキーパーソンと会っ

たり、終日仕事です。総理大臣は体力がないともちません。

私は政治家として、まず千葉県議会議員を2期務《つと》めました。県議会議員から衆《しゅう》議《ぎ》院《いん》議員になった時、「10倍くらい忙《いそが》しくなった」という実感をもちました。ですが、衆議院議員から総理大臣になった時には、「さらにその10倍忙しくなった」実感をもちました。

被《ひ》災《さい》地《ち》の桜に誓《ちか》った復《ふっ》興《こう》

2011年3月11日、東《ひがし》日《に》本《ほん》大《だい》震《しん》災《さい》が起きた時、私は財《ざい》務《む》大臣を務めていました。そして、その年の8月に総理大臣になったんです。

4月に被災地に行った時、そこはがれきの山でした。でも、その中に桜が咲《さ》いていたんです。それを見て、来年この桜が咲く時には、落ち着いてお花見ができるような場所にしなければいけない、そのためには復興を急がなくてはいけないと、思いを強くしました。がれきに咲く桜は、今も原《げん》風《ふう》景《けい》として心に刻《きざ》まれています。

●財務大臣
国の財務・財政・金融《きんゆう》を担当する大臣。国の予算を扱《あつか》うため、権限が強いとされる。

野《や》党《とう》合意を得ての、悲願達成

私が総理大臣としてできたことは、社会保障と税の一体改革という、長年先送りされてきたテーマに実現への道筋《みちすじ》をつけたことです。与党《よとう》だけでなく、当時野党だった自民党、公明党にも合意をしてもらって法律を作れたというのは、大きな成果《せいか》だったと思います。

やり残したことは、議員の定数削減《ていすうさくげん》です。私が総理大臣の時、消費税《しょうひぜい》を10％に引き上げることを決めたのですが、それはみんなが嫌《いや》がることです。国民に負担《ふたん》をお願いする以上は、自分たち国会議員が身を切る覚悟《かくご》を示さなければいけないと、議員の定数を削減するということを、自民党の安倍《あべ》さんと当時の党首討論《とうしゅとうろん》で約束しました。この約束が果たされなかったことが残念で、心残りです。

二大政党《せいとう》制を作り直す

自民党の長期政権《せいけん》を倒《たお》した民主党が、なぜ長期政権を築《きず》けなかったか。それは政権運営に習熟《しゅうじゅく》していなかったことが大きいと思います。でも、誰もが最初から習熟しているわけではありません。経験《けいけん》をふまえて、次はもっとうまくやらなければいけない。

今、自民党が強いです。私がやり残したことで、今も議員として取り組んでいることは、二大政党制を作り直すことです。一強になるのは、他が弱いからです。他弱《たじゃく》を解消《かいしょう》するには、野党《やとう》全体を大きく包《つつ》み込《こ》んでいかなければいけません。野党同士で足を引《ひ》っ張《ば》り合うのではなく、自民党と競《きそ》い合《あ》うような政治勢力《せいりょく》、政権《せいけん》を目指す野党を作らなくてはいけないと思います。

そのためには、野党は一丸となって固まっていかなくてはいけない。細かく見れば政策の違《ちが》いはありますが、それでもチームとして固まる時は固まる。野党はそういうこらえ性をもたなければ、政権をとれないと思います。

自民党も国民のためにがんばる。もう一つの塊《かたまり》もがんばり、互いに競い合ったほうがいいんです。ライバルがいたほうがお互《たが》いに向上《こうじょう》するじゃないですか。そういう関係性を作っていきたいですね。

●二大政党制
2つの大きな政党が代わる代わる政権を担当すること。アメリカの民主党と共和党、イギリスの保守党と労働党など。

SP《エスピー》50人　どこへ行くにも全員一緒《いっしょ》の大移動

総理大臣は、作りたいと思っていた法律が通った時などは、達成感《たっせいかん》ややりがいがありますけど、それより大変なことが多いです。

総理大臣時代に一番大変だったのは、プライバシーがまったくないことでした。SPという、要人《ようじん》を警護《けいご》してくれる人がいます。大臣には普通《ふつう》2人ずつくらいつくのですが、総理大臣には50人ぐらいつきます。車で移動する時も、どこに行くにもつきます。

忙《いそが》しくて時間がないから行けないけれど、「急にラーメンが食べたくなった」とか、「牛丼《ぎゅうどん》が食べたい」と思う時もありました。でも、「気軽にどこにでも行ける」なんてことはないんです。SPが数十人いたら、そもそも店に入れないですしね。自分だけ食べてみんなを外で待たせるわけにはいかないですから、そういうわがままができないし、プライバシーはまったくありません。いつも見られていて、不自由だということが一番つらかったですね。

岡田准一《おかだじゅんいち》さんが主演していた『SP』というドラマがありますが、本当にあんな感じです。

総理大臣は「嫌《きら》われてもいい覚悟《かくご》」で決断をする

これまで日本の総理大臣は何人いたと思いますか？　岸田《きしだ》さんは100・101代目です。私は95代目。伊藤博文《いとうひろぶみ》のように4回総理になるとか、複数回なる人もいるので、人数でいうと64人です。

明治時代から百何十年の中で、たった64人しかいません。この64人の総理大臣全員に共通していると思いますが、やっぱり最後は「決断」が重要なんです。

1億人以上もいる国民の暮らしを守るために、「嫌われることも含《ふく》めて決断をする」ということです。そして決断したことに対しては、歴史の評価を受けるという、責任を負《お》うことです。その覚悟があるかどうかが、総理大臣の資質《ししつ》だと思います。

最後の決断は自分自身の判断で下す

大きな決断をしなければいけない時には、他人に聞いても参考になりません。総理大臣の決断は最後の局面ですから。いろんな人に聞けばいろんな意見が出てきます。そこで自分がどう思うか、最後は自分の判断です。どちらの答えが正しいのか、6割の人が反対していることでも、たとえお世話になっている人が反対していることでも、自分が正しいと思ったことは決断しなくてはいけない。

また、今を生きている世代よりも、次の世代のことを考えなくてはいけないこともあります。私は、「次の世代のことを考えた決断のほうが正しい」と思っていましたから、今生きている人には不評《ふひょう》な政策《せいさく》も多かったと思います。

政治に生かすことができた歴史小説

私は歴史小説が好きなんです。

政治家になって思ったことは、「大学で学んだ政治学より、今の人生で役に立っているのは歴史小説」だということです。

司馬遼太郎《しばりょうたろう》の夢と志《こころざし》の世界、藤沢周平《ふじさわしゅうへい》の武士としての凛《りん》としたたたずまいや生き様、山本周五郎《やまもとしゅうごろう》の人情の機微《きび》。

そういうものが、政治家としてのものの考え方にはもちろんですが、どういう仕事をするにしても、役に立つのではないかと思います。

夢だけでなく、志《こころざし》を

これから、「将来何になりたいか」を考えると思いますが、それは、大きく2つに分かれます。「夢」か「志」かです。

金持ちになりたい、有名になりたいというのは夢。世のため人のために何かしたいというのが志です。

「歌手になりたい」と思うのは夢で、「歌手になってそのメッセージでみんなを元気にしたい」と思うのは志です。「お金持ちになりたい」は自分のため、「お金を稼《かせ》いで人のために役に立てたい」は志。

その違《ちが》いを理《り》解《かい》して、夢にとどまらず、少しでも世のため人のために役立つような人生を目指してほしい、志をもってほしいと思うんです。そして、政治の世界は志が必要。ぜひ目指してほしいですね。

総理のまめ知識 ZOOM

総理大臣の暮らし③

首相官邸《かんてい》ってどんなところ?

首相官邸とは、総理大臣がふだん仕事をするところで、国会議事堂や各省庁の建物が集まる東京都千代田区《ちよだく》永田町《ながたちょう》にある。現在の首相官邸は、2002年に完成。旧《きゅう》首相官邸は1929年に建てられて、これまで42人の歴代総理大臣が使ってきた。

地上5階地下1階建ての新しい官邸は、延《の》べ床面積が旧官邸の2・5倍で、竹や石を使って、日本の伝統を感じさせるデザインになっている。総理の仕事部屋や会議をする部屋、記者会見をする部屋、外国からのお客様をもてなす部屋などのほか、大きな災害や事件があったときに指揮を執《と》るための危機管理センターもある。いざというときには、深夜でも隣《となり》の首相公邸《こうてい》(首相の住まい)から総理大臣がかけつけて対応する。

各国の首脳官邸の愛称

アメリカ大統領の、住居と仕事場を兼《か》ねた建物は、「ホワイトハウス」と呼ばれている。文字通り、白い壁《かべ》の建物であることが由来で、「政治の中心地」という意味でも使われている。

イギリスの首相官邸は、所在地の住所ダウニングストリート10番地から「ナンバー10」と呼ばれる。ロシア大統領府は、城塞《じょうさい》を意味する「クレムリン」。旧《きゅう》ロシア帝国時代のクレムリン宮殿《きゅうでん》を大統領府として使っている。フランスも同様に宮殿を大統領官邸として使用していて、「エリゼ宮」と呼ばれている。宮殿を首脳官邸として使用している国は、ほかにもたくさんある。お隣《となり》の韓国で2022年まで使用されていた官邸は、青い瓦屋《かわらや》根《ね》にちなんで「青瓦台《せいがだい》」と呼ばれていた。

ちなみに日本の首相官邸には、特に愛称はない。

―東北《とうほく》・三陸地方《さんりくちほう》―
被災《ひさい》した地域《ちいき》に、新《あたら》しい街《まち》が広《ひろ》がっている!
みて! 大《おお》きな堤防《ていぼう》! あれなら津波《つなみ》もふせげそうね
ほんとだ! こんなに広《ひろ》い街《まち》を、安全《あんぜん》と住《す》みやすさを考《かんが》えて作《つく》り直《なお》すなんてすごい!!
どんな風《ふう》に復興《ふっこう》するか、方法《ほうほう》や予算《よさん》を決《き》めるのは政治家《せいじか》の仕事《しごと》じゃ
いろいろな意見《いけん》に耳《みみ》を傾《かたむ》けながら復興《ふっこう》していかねばならん
それに、野田元総理《のだもとそうり》は次《つぎ》の世代《せだい》のことを考《かんが》えて決断《けつだん》することもあるって言《い》ってたね
今《いま》を生《い》きる僕《ぼく》らが少《すこ》し我慢《がまん》しなくちゃいけないことがあってもね…
だから、嫌《きら》われてもいい覚悟《かくご》がいるのか
総理《そうり》は、みんなそう言《い》うね

未来《みらい》に花《はな》を咲《さ》かせることを夢見《ゆめみ》て、
すごく困難《こんなん》で自分《じぶん》が嫌《きら》われるとわかっていても
志《こころざし》を持《も》って前《まえ》へ進《すす》んでいく
だけど、総理大臣《そうりだいじん》一人《ひとり》が頑張《がんば》ってたんじゃないよ
そうだね。すべての政治家《せいじか》、国民《こくみん》が心《こころ》を一《ひと》つにしなきゃいけなかった
震災《しんさい》の復興《ふっこう》は日本《にほん》の国民《こくみん》が一丸《いちがん》となって頑張《がんば》らねば成《な》しとげられんことじゃ
総理大臣《そうりだいじん》は、その国民《こくみん》みんなのリーダーなんじゃ

総理大臣《そうりだいじん》は リーダーとして 重要《じゅうよう》な決断《けつだん》をする。 でも、 それだけで社会《しゃかい》を 変《か》えられるわけ じゃない
君《きみ》たち主権者《しゅけんしゃ》の 頑張《がんば》りや、 その一票《いっぴょう》にこそ 力《ちから》がある
やっぱり、国民《こくみん》が 社会《しゃかい》のことを ちゃんと勉強《べんきょう》して よく考《かんが》えないと だめなんだ
でもさ？ 政治《せいじ》は僕《ぼく》たち AI《エーアイ》にまかせて
みんな政治《せいじ》を 気《き》にせず、 自分《じぶん》のやりたいこと、 頑張《がんば》れたほうが よくない？
時間 もったいないし
いろんな方法《ほうほう》を 精査《せいさ》して 一番《いちばん》いい方法《ほうほう》を 採用《さいよう》するのは、 AI《エーアイ》の得意分野《とくいぶんや》なんだ
Win Winだョ
それで社会《しゃかい》は 万事《ばんじ》うまくいく…
そう思《おも》われていた 時代《じだい》も、たしかに あったんじゃがのぉ

ホースケさん、それ、どういう意味《いみ》？
うぉほん！はて…？なにか言《い》うたか？
今《いま》、言《い》ったでしょ？そんな時代《じだい》もあった…とか、なんとか…
そんなことより
総理大臣《そうりだいじん》を支《ささ》える大臣《だいじん》にも、話《はなし》を聞《き》きたくないかな？
安倍元総理《あべもとそうり》と総裁選《そうさいせん》で争《あらそ》った経験《けいけん》もおありで、大臣《だいじん》を多《おお》くこなされておられる石破《いしば》さんを訪《たず》ねてみよう
石破《いしば》さん、知《し》ってる！
僕《ぼく》も知《し》ってます
………

石破茂《いしばしげる》

防衛大臣・農林水産大臣・国務大臣を歴任

成績一番が当たり前の県知事《けんちじ》の息子

私は幼稚園《ようちえん》、小学校、中学校と鳥取県で育ちました。自分の父親が鳥取県知事であるという、非常に特異な環境《かんきょう》で育ったので、そのプレッシャーは大きかったです。間取《まど》りでいうと20ＬＤＫみたいな、どでかい知事公邸《ちじこうてい》に住んでいました。庭には川が流れ、山があり、テニスコートもゴルフの練習場もある、そういうところでしたね。

子どものころ、学校でお父さんについての作文を書けと言われると、何をやっているかわからないので、すごく困《こま》りました。農家でもないし、商店でもないし、会社員でもない。ほとんど家にいることもありません。子どもには、知事がどんなことをしているのか、よくわかりませんでした。「なんだか知らないけど、まわりの人がみんな頭を下げる不思議な仕事だ」と思っていました。

私の通った学校は、鳥取大学附属《ふぞく》小学校・附属中学校という、比較的《ひかくてき》勉強ができる子どもたちが集まる学校だったんです。私は知事の子どもですから、勉強ができなくてはいけないと思っていました。母親が非常に教育熱心な人で、すごくプレッシャーがありました。

小学校5、6年生の時は、毎月、国語、算数、理科、社会のテストがありました。1クラス36人全員、1番は誰《だれ》、2番は誰と、成績が発表されるんです。これが重圧でしたね。常《つね》に1番でいられるはずもなく、4番や5番に落ちると母親からひどく叱《しか》られました。

居心地《いごこち》のよくない中学時代

中学校に入るころは、大学紛争《だいがくふんそう》といって、大学生たちが活発に政治活動をしている時代だったんです。日米安全保障条約反対《にちべいあんぜんほしょうじょうやくはんたい》を掲《かか》げる、非常に過激《かげき》な学生運動があった時代です。

中学生でも、政治への関心が高い子どもたちは、権力に対して反対する雰囲気《ふんいき》がありました。知事は権力の象徴《しょうちょう》みたいなものですから、知事の子どもとしては、非常に居心地が悪かったですね。知事の息子というプレッシャーを感じつつ、このままの環境にいていいのかなという思いがありました。

比較的素直な子でしたから、勉強はきちんとしていましたが、中学3年生の時に、「このまま地元の高校に進学するのはまずいかもしれない」と私自身も思い

●大学紛争
大学にかかわる政策をめぐって、学生の主張や要求と大学側が対立し、争う状態。世界的な規模で起こり、警官隊への投石、角材や火炎ビンの使用など、暴力がエスカレートしていった。

●日米安全保障条約
日本とアメリカが取り決めた条約。日本を外国が侵略《しんりゃく》しようとした場合、アメリカが武力で日本を守るかわりに日本はアメリカに基地を提供《ていきょう》する。

ました。母親も、このまま地元の県立高校で厳《きび》しい環境《かんきょう》にいたら、私が不良になるんじゃないかと思ったんでしょうね。だから、高校は、東京の慶應義塾《けいおうぎじゅく》高等学校に行ったんです。

子どものころの夢

子どものころは、学校の先生になりたかったんです。人に教えることが楽しいと思ったし、学校の先生が主人公のテレビドラマや漫画《まんが》の影響《えいきょう》もありました。

私の母親は、東京女子大を出て、結婚《けっこん》するまで国語の先生をしていました。父親が戦争に行っていたころは、再び学校の先生をして生計《せいけい》を立てていました。年の離《はな》れた2人の姉もそれぞれ英語と歴史の先生で、教員の多い環境で育ったんです。

そうしたまわりの環境もあって学校の先生になりたいと思っていましたが、そのころの多くの男の子たちと同じように、電車の運転手やパイロットになりたいとも思っていました。

鶴《つる》の一声で政治家に

中学生のころは、父親を見ていて、「政治家というのは、あまりいい仕事ではない」と思っていました。プライベートの時間はほとんどないし、もちろん土曜日も日曜日もない。そんなにお金が儲《もう》かるわけでもないし、あまり割のいい仕事ではないと感じたんです。

それに、子どもの私がこんなことを言うのは変ですが、私の父親は非常に立派《りっぱ》な政治家でしたから、とても父親を超《こ》えることはできないと思ったんです。政治家は立派な仕事だ、価値のある仕事だとは思いましたが、自分がふさわしいとは思わなかったですね。あまりに立派な父親をもつと、超えるのが難《むずか》しいと思ってしまうものなんですね。

高校の時も大学の時も政治家になろうとは思いませんでした。大学卒業《そつぎょう》後は三《み》井《つい》銀行《ぎんこう》（現在の三井住友《みついすみとも》銀行《ぎんこう》）に就職したんです。私が銀行に入って3年目の時に、父親が病気で亡《な》くなりました。父親はその時73歳《さい》で、自民党所属の参議院《さんぎいん》議員でした。

当時私は24歳でした。参議院議員は30歳にならないと立候補《りっこうほ》できないので、跡《あと》

継《つ》ぎにはなれません。これは、「政治家になってはいけない」という神様のお告げだと思いました。

その時、父親の葬儀《そうぎ》委員長を元総理大臣の田中角栄《たなかかくえい》さんがやってくれたんです。お礼を言いに行ったら、

「君、銀行を辞《や》めて政治家になりなさい」

と言われました。

「いや私は24歳《さい》なので、父親の跡継ぎにはなれません」

そう答えました。

「何を言うんだ、君は衆議院《しゅうぎいん》に立候補《りっこうほ》するんだ!」

それから5年後に、衆議院議員になりました。

国民が嫌《いや》がることでも言う勇気

政治家には、本当に国のために言わなければいけないこと、やらなければいけないことがあります。でもその中には、国民があまり喜ばないこともあります。

私が政治家として大切にしてきたことは、国民からの評判《ひょうばん》が悪いことでも、国の

●葬儀委員長
大きな葬儀の最高責任者。故人が所属した団体のトップが務めることが多い。

●24歳なので…
参議院議員に立候補できるのは30歳以上。衆議院議員は25歳以上。

ためにやらなければいけないことを、勇気をもって正直に語ることです。「税金は安くします」とか、「医療《いりょう》も介護《かいご》もタダですよ」とか、「道路も橋もいっぱい作ります」というとみんな喜びますが、そういうことをやっていると国は破産《はさん》してしまいます。選挙《せんきょ》の時に票が欲しいあまり、国民受けのいいことばかり言っていてはだめなんです。

たとえば消費税《しょうひぜい》は、以前から反対の人が多かったし、今でも反対の人は多いですよね。でも私は、

「消費税は、絶対必要なものですよ」

と衆議院議員2期目の選挙の時から言っています。

今財政をよくしておかないと、今の子どもたちが大人になったときに、とんでもないことになる。今でも国民1人当たり約1000万円の借金《しゃっきん》がありますからね。つまり、国民が国にお金を貸しているんです。それを国債《こくさい》といいます。今の政治家たちが自分たちの人気を確保するためにいろんなことをやって、それにかかるお金は次の時代の人が払《はら》うというようなことは、やってはいけないんです。だから私は、消費税は必要で、消費税を10%に上げることは必要なことだったと思っています。

●消費税を10%に
2019年10月、消費税はそれまでの8%から10%に引き上げられた。

国《こく》民《みん》皆《かい》保《ほ》険《けん》というすばらしい制度

日本には、病気やけがをした時、誰《だれ》もが病院で診《み》てもらえるすばらしい制度がありま す。「国民皆保険」という制度で、少ない負《ふ》担《たん》で、誰でもいつでも、どこにいてもお医者さんにかかれるという制度です。

でも、だんだん高《こう》齢《れい》者《しゃ》が増えてきて、医《い》療《りょう》にかかるお金が、国の予算の中で、多くの割合を占《し》めるようになってきています。このままでは、この制度を維持することが難《むずか》しくなるでしょう。

だから、国民にも負担を求めていかないと、保険証一枚あれば誰でも病院にかかれるという制度自体が崩《くず》れてしまいます。

「風《か》邪《ぜ》を引いた、おなかが痛いといった簡単な病気や、ちょっとしたけがなどの場合は、自分で薬を買って治してくださいね」

というようなことも言わなくてはいけなくなってしまうのです。

こういった、国民が喜ばないことだけど国のために必要なこと、将来の世代に大きな負担を残さないために必要なことを、政治家は言わなくてはいけないと思います。

憲法《けんぽう》改正《かいせい》について

「憲法改正」という言葉を聞いたことがあるかもしれません。

憲法9条に書かれていることは、「日本は軍隊をもたない」ということです。日本は世界の人を信頼《しんらい》して平和に生きていく、それが日本の生き方です、と書いてあるのが憲法です。

でも、日本が他国を侵略《しんりゃく》することはないけれども、どこかの国が日本を侵略した時に、それを追《お》い払《はら》う能力だけはもっておく必要があるのではないか、追い払う能力をもっていることが相手にわかったら、攻《せ》めてこないのではないかということで、現実には自衛隊《じえいたい》をもっています。

だから、他国の侵略を排除《はいじょ》するために戦力をもちます、陸上自衛隊、海上自衛隊、航空自衛隊をもっていますよ、その行動は国際的なルールに従います、と憲法にきちんと書かないといけません。だから、私は憲法改正が必要だと思っています。

しかし、「憲法9条を守りましょう」と言ったほうが国民の受けがよくて、「憲法を改正しましょう」と言うと、国民はあまり喜ばないわけです。でもきちんと話をして、理解《りかい》を得なければいけないと思っています。

政治家として取り組みたい3つのテーマ

政治家として取り組みたいテーマの1つ目は、今述《の》べた憲法改正《けんぽうかいせい》です。

2つ目は、地方に雇用《こよう》と所得《しょとく》を取《と》り戻《もど》すこと。

今後、日本の人口はものすごく減《へ》るでしょう。今、日本の人口は1億2500万人ですが、2040年には1400万人減ると予測されています。2100年になると日本の人口は5200万人という予測もあります。そうなると、今の半分以下になるんですね。200年経つと15分の1になるんです。日本の人口はこんなに減っていくんですよ。

これにはいろんな理由がありますが、まず結婚《けっこん》する人がすごく減ったことにあります。私が若いころは、結婚しない人はだいたい50人に1人くらいでした。今、男性のうち4人に1人は結婚しません。女性が結婚する年齢や子どもを出産する年齢も、だんだんと遅くなっています。そして、生まれる赤ちゃんも少なくなっています。

47都道府県で、出生率が一番高いのは沖縄県、反対に一番低いのは東京都です。この傾向はしばらく続いています。

地方で働くと、都会ほど高いお給料がもらえないという問題があるので、地方にもっと高いお給料をもらえるような仕事を作っていかないと、東京にどんどん人が集まってしまいます。だから、地方でも仕事と、その仕事にふさわしい所得が得られるようにしていかないと、日本の人口はどんどん減っていくのです。

それから、東京は非常に災害《さいがい》に弱い街なので、東京から人を移していかないといけません。東京一極集中《いっきょくしゅうちゅう》になっていると、大地震《おおじしん》のような災害が起きた時、被害《ひがい》が大きくなるという問題もあります。だから、東京から地方にもっと人が移っていくような国にしたいと考えています。

3つ目は、あなた方のような子どもたちの世代に大きな負担《ふたん》がかからないように、国の財政《ざいせい》をもっとよくすること。

やりたいことはこの3つです。

総理大臣と意見が違《ちが》う時は……

憲法改正《けんぽうかいせい》については、当時の総理大臣であった安倍晋三《あべしんぞう》さんと意見が違う点がありました。でも、その時の安倍さんは、まだ総理大臣として意見は述《の》べていなくて、自民党総裁《そうさい》として述べていたんです。「自民党総裁としてこう思います」と言っていて、まだ、「私は総理大臣としてこう思います」とは言っていなかった。自民党の中で、もっと議論はすべきだと思いました。

でも、総理大臣として言ったことは、自民党は全員賛成しないといけません。自分の党が選んだ総理大臣だから、総理大臣が決めたことは、全面的に支えなければいけません。

総裁選《そうさいせん》に立候補《りっこうほ》する理由

今でも総理大臣になりたいとは全然思っていません。総理大臣はすごく大変な仕事なんです。大臣の10倍は大変だと思います。国会議員の100倍は大変だと思うんです。

歴代総理大臣をみると、大平正芳《おおひらまさよし》さんは総理大臣の時に亡《な》くなりました。小渕《おぶち》恵三《けいぞう》さんは、総理大臣をやっている時に倒《たお》れて、その後亡くなりました。総理大臣は命を懸《か》けなければ務《つと》まらない、ものすごく大変な仕事です。みんながやってほしいと思うこともなかなか実現できない。だから、個人的な幸せを考えたら、できればやりたくない仕事です。

でも、憲法改正や財政健全化《けんぜんか》など、みんながやりたがらない仕事をやる人がいない時に、「私もやりません」と言ってはいけないのではないか……。だから私は、自民党の総裁選に立候補しました。「やりたい、やりたい」と言ってやる仕事ではないです。

私は今まで大臣を6年もやりましたが、防衛《ぼうえい》大臣なら防衛大臣、農林水産《のうりんすいさん》大臣なら農林水産大臣、地方創生《ちほうそうせい》大臣なら地方創生大臣と、それぞれの仕事をパーフェクトにこなそうと思ってやっていました。政治家としては、総理大臣になるよりも、そうやって自分の得意な分野で、大臣を何度もやったほうが幸せかもしれないですね。

●地方創生
東京の人口集中を改善するために、各地域がその特徴を生かして持続的な社会をつくること。

政治家という仕事のやりがい

一口に「政治家」と言っても、いろんな役割の政治家がいます。

総理大臣がいて、大臣がいる。そして知事や町長がいます。だから、政治家のやりがいというのは、それぞれ違《ちが》います。

全国には47の都道府県があって、1718の市町村があります。町議会議員や市議会議員などが一番身近な政治家。それから知事や県議会議員などが、その次の都道府県レベルの政治家。そして国会議員がいます。

自分ががんばって働きかけたことで道路ができたり病院ができたり、あるいはそこに企業《きぎょう》が来たりして、そこに住む人、一人ひとりに喜んでもらえることが、地方の政治家のやりがいだと思います。

「国会議員」という国の政治家は、目に見えて人々の暮らしがよくなったということにはなかなかなりません。どんどん人口が増えていた時代には、新幹線や高速道路をどんどん作ることができて、みんながすごく喜んでくれました。

でも今は、人口がすごく減《へ》って、入ってくる税金が減って、国が多額の借金《しゃっきん》をしているので、みんなが喜ぶことはなかなかできないんです。まずは、どうやっ

て次の時代に負担《ふたん》がかからないようにするかを考えなくてはいけない。あるいは、何かするにしても、優先順位《ゆうせんじゅんい》を決めなくてはいけない。自分のやってほしいことの優先順位が高いとみんな喜ぶけど、優先順位が低いと怒《おこ》るわけです。でも、これは我慢《がまん》してということも言わなければいけない。あるいは消費税《しょうひぜい》を上げるなど、みなさん嫌《いや》だろうけど、次の時代のために我慢してくださいということを言わなければいけません。

だから今は、総理大臣や大臣、国会議員たちのやりがいは、「次の時代のためにこれをやった」という納得感《なっとくかん》ではないでしょうか。

国の政治家が、「みんなが喜ぶようなこと」ばかりやると、国はつぶれてしまうかもしれません。

衆議院《しゅうぎいん》議員の仕事、内閣《ないかく》の仕事、党の仕事

衆議院議員は465人もいます。まず、自民党の中でいろんな議題について議論をします。そして国会でも議論をします。その時に、その議題に対して、賛成や反対の態度を表明するのが、衆議院議員の仕事です。

大臣というのは、防衛《ぼうえい》大臣なら日本の防衛という、自分が所管《しょかん》する分野について仕事をします。問題はどこにあるのか、それを解決するにはどんな法律を作ったらいいのか考える。そしてそれを国会で説明して形にしていくというのが、大臣の仕事です。そして総理大臣は、それを束《たば》ねるのが仕事です。

自民党の中での役職もたくさんあります。たとえば幹事長《かんじちょう》は、自民党が次の選《せん》挙《きょ》で勝てるようにするのが仕事で、政調会長《せいちょうかいちょう》は、自民党のいろいろな政策《せいさく》を政府と協議しながら作り上げていくのが仕事です。

経験《けいけん》した仕事と、それぞれのやりがい

私は防衛庁《ぼうえいちょう》長官を2年やって、防衛大臣を1年やりました。その時は自衛隊《じえいたい》のインド洋派遣《はけん》やイラク派遣など、いざ戦争になった時にどうやって国民を守るかを決める、難《むずか》しい法律を手がけました。こうした法律を仕上げたことはとても満足感があることでした。

その5年前、自民党幹事長を2年間やりました。私が幹事長の時、自民党は選挙でほとんど勝ちました。日本中の選挙について、作戦を練《ね》って指揮《しき》するという

●幹事長
党におけるナンバー2。選挙や国会運営などを指揮するほか、党の財政や人事でも大きな権限を持っている。

●政調会長
政策の調査・研究や立案を担当する、政務調査会のまとめ役。幹事長・政調会長・総務会長を党三役という。

のもやりがいのある仕事でしたね。

また、野党の時には政調会長をやりました。その時の総理大臣は民主党の鳩山《はとやま》由紀夫《ゆきお》さん、菅直人《かんなおと》さん、野田佳彦《のだよしひこ》さんで、自民党ではありませんでした。野党《やとう》として、その時の政府の方針《ほうしん》について、国会でずいぶん戦いました。これはこれでやりがいがありましたね。今でもインターネットで、「石破《いしば》国会質問」などと検索《けんさく》すると、当時の映像が出てきます。

政治家はそれぞれいろんな仕事があります。私の経験した仕事は、どれもこれもやりがいがありました。

自分が総理大臣だったら……と考えてほしい

国民主権といいますが、主権者とはどういうものだと思いますか？

「自分が総理大臣になったらどうするかな」ということを考えるのが、国民主権でいう、主権者です。

だから、「あれもこれもやって」と言うのではなくて、「自分が総理大臣だったらどうするだろう」ということを常《つね》に考えるのは大切なことだと思います。

主権者であるとは、そういうことだと思います。

※本インタビューは、2018年に行ったものをもとに構成しております。

政治の基本用語②

ねじれ国会とは？

ねじれ国会とは、衆議院と参議院で、それぞれの議席の過半数を占《し》める勢力が異なっている状態のことを言う。通常、衆議院で過半数を占める与党が政権を担当し、内閣総理大臣は与党の議員から選ばれる。

ただし、参議院での与党の議席数が、選挙の結果、過半数に届《とど》かない場合もある。そうすると、衆議院を通過した法案が参議院で否決《ひけつ》され、衆議院に差《さ》し戻《もど》しになることもある。

その場合、両院協議会を開いて意見を調整する方法があるが、それでも決着がつかないときには、法案を衆議院に差し戻して3分の2以上の賛成で再可決すれば成立となる。また、予算案など、参議院において一定の期間内に議決されない場合は、衆議院の議決をそのまま採用する議題もある。これらを「衆議院の優越《ゆうえつ》の原則」と言う。

国会がねじれ状態になると、法案の成立に時間がかかって国会運営が停滞《ていたい》するが、重要課題についての議論が深まるという側面もある。

与党
野党
衆議院
可決
与党
野党
参議院
否決
衆
参

とってもまじめないい方《かた》だった…
いろんな大臣《だいじん》をやっててびっくりした……
うん。それに大臣《だいじん》って、総理《そうり》を支《ささ》える大事《だいじ》な存在《そんざい》だった
総理《そうり》と大臣《だいじん》たちでつくる内閣《ないかく》って、皆《みんな》が一丸《いちがん》となって政策《せいさく》を実現《じつげん》していくんだね
ときには、国民《こくみん》から反対《はんたい》されることもある。
現在《げんざい》より未来《みらい》を考《かんが》えることもある
100年後《ねんご》の僕《ぼく》らの社会《しゃかい》のことまでね！
その場《ば》しのぎの政策《せいさく》が多《おお》くの人《ひと》を苦境《くきょう》に立《た》たせることもある
考えもせずうまい話につられてはいかん
借金《しゃっきん》が残《のこ》されたり
結論《けつろん》を先《さき》のばしにするって
未来《みらい》の僕《ぼく》らが全部《ぜんぶ》背負《せお》うってことなんだよね

主権者《しゅけんしゃ》は自分《じぶん》が総理《そうり》ならどうするか考《かんが》えなさいって言《い》ってたけど……
自分《じぶん》の立場《たちば》だけで考《かんが》えてると、未来《みらい》は見《み》えないって気《き》づいた
でも、私《わたし》が考《かんが》えても何《なん》にもできないよ？総理《そうり》じゃないもん
主権者《しゅけんしゃ》は、総理大臣《そうりだいじん》に対《たい》して投票《とうひょう》で意思表示《いしひょうじ》をする
民意
国のルールを決める時や大
する時、とても大切にされ
考え感じていること。
「民意《みんい》」と言《い》うんじゃ
私の気持ちです
一票《いっぴょう》って総理《そうり》にお手紙《てがみ》を出《だ》すみたいね？
さて、2009年《ねん》9月《がつ》、民意《みんい》は、それまでの自民党支持《じみんとうしじ》から、新《あたら》しい政党《せいとう》、民主党支持《みんしゅとうしじ》に傾《かたむ》いた
政権交代《せいけんこうたい》が起《お》こったんじゃ
お話《はなし》をうかがった野田総理《のだそうり》は、その民主党政権《みんしゅとうせいけん》の3代目《だいめ》の総理大臣《そうりだいじん》だったんじゃが

同《おな》じとき、官房長官《かんぼうちょうかん》をしていた枝野《えだの》さんという人《ひと》がおる
官房長官《かんぼうちょうかん》って聞《き》いたことがある！
いろいろなことを発表《はっぴょう》する人《ひと》だよね？
そう。枝野《えだの》さんは、2011年《ねん》、東日本大震災《ひがしにほんだいしんさい》のとき官房長官《かんぼうちょうかん》をなさっておった
いくつも街《まち》が消《き》えるほどの大災害《だいさいがい》に加《くわ》え、一触即発《いっしょくそくはつ》の原発事故《げんぱつじこ》…
一時《いっとき》も予断《よだん》を許《ゆる》さない状況《じょうきょう》に、何日《なんにち》も寝《ね》ずに対応《たいおう》したのが枝野《えだの》さんじゃった
なんで官房長官《かんぼうちょうかん》が記者会見《きしゃかいけん》をするの？
国民《こくみん》に情報《じょうほう》をわかりやすく伝《つた》える役割《やくわり》——つまり、スポークスマンだからじゃよ

枝野《えだの》さん、「眠《ねむ》らないで戦《たたか》う男《おとこ》」って言《い》われてる
大震災《だいしんさい》のときか
枝野幸男
眠らないで戦う男
#枝野寝ろ
出身地 栃木県
生年月日 昭和39年5月
所属 立憲民主党
「#枝野寝《えだのね》ろ」なんていうハッシュタグが流行《はや》ったんだね
官房長官《かんぼうちょうかん》て、緊急事態《きんきゅうじたい》に最前線《さいぜんせん》で国民《こくみん》に向《む》き合《あ》う仕事《しごと》なんだね
ふーむ
今《いま》は、野党《やとう》となり、また新《あたら》しく結成《けっせい》した党《とう》で衆議院議員《しゅうぎいんぎいん》をしておるぞ
今回《こんかい》は党代表《とうだいひょう》をしていた時代《じだい》に行《い》って話《はなし》をうかがおう
枝野《えだの》さん、議員会館《ぎいんかいかん》で待《ま》っててくれてるって！
議員会館《ぎいんかいかん》！おもしろそう。行《い》ってみよう！

枝《えだ》野《の》幸《ゆき》男《お》

内閣官《かん》房《ぼう》長官・経済産業大臣・
国務大臣を歴任

病弱なのに、授業《じゅぎょう》中うるさい子

僕は子どものころ、病弱だったんです。小児《しょうに》ぜんそくで、小学生の時は一ヵ月のうち半分くらいしか学校に行けない月がありました。学校を休みがちで、体が弱くて、運動は大の苦手。小児ぜんそくは夜中に発作《ほっさ》が起こったりして、動くと大変だけど、昼間はじっとしている分には平気なので、本をたくさん読んでいましたね。

ただ、今も変わらないんですが、とてもおしゃべりなので、授業中はうるさい子でした。小学校では、背の順で教室の席が決まることが多かったんですが、小学校5年生くらいまでずっと、背の順とは関係なく、先生に一番近い席が僕の指定席でしたね。

物心ついたころから、なりたい仕事は、政治家か歌手の2つでした。

名前の由来を聞かされて政治家を志《こころざ》す

尾崎行雄《おざきゆきお》という、教科書にも載《の》るような政治家がいます。第一回の衆議院選挙《しゅうぎいんせんきょ》

●尾崎行雄
当選回数・議員勤続年数・最高齢議員記録の日本記録をもつ政治家。

で当選した人です。そこから明治、大正、昭和と63年間衆議院議員をした政治家で、「憲政《けんせい》の神様」と言われた人です。国会の正面にある憲政記念館には、銅像が立っています。

祖父《そふ》がその尾崎行雄先生の大ファンだったんです。別に知り合いだったわけではありません。それで、最初の男の孫だった僕に、「ゆきお」という名前をつけなさいと祖父が親に薦《すす》めて、字は違《ちが》いますが、幸男になりました。それが名前の由来なんです。そういう話を子どものころから聞かされていたので、政治家に関心がありました。

もう一つ、政治家を志した理由があります。病弱な僕に、親が野口英世《のぐちひでよ》の伝記を読ませていたんです。僕は栃木県《とちぎけん》の生まれで、野口英世の郷里《きょうり》である福島県猪《い》苗代《なわしろ》は近いので、野口英世記念館には3回くらい連れていかれました。つまり、直接言われてはいませんが、「お医者様のお世話になっているんだから、勉強して、大人になったらお医者さんになって、世の中にお返ししなさい」というプレッシャーを受けていたのです。

ただ、僕は血を見るのが嫌《きら》いで、理科の授業のフナの解剖《かいぼう》などは、大の苦手でした。それで、「医者も人の命を救えるけど、政治家も人の命を救えるのではな

●野口英世
幼いころに大やけどを負ったが、後に医師・細菌学者として世界で活躍した。黄熱病の研究中に死亡した。

いか」という理屈《りくつ》を考えて、医者ではなくて政治家になると言ったんです。

政治家の仕事で間接的に医療《いりょう》に関わり、それが人の命を救うことにつながると考えました。

弁護士《べんごし》の仕事、政治家の仕事

僕は弁護士でもあります。一見まったく別の仕事ですが、弁護士と政治家には共通点があります。法律をベースにして仕事をするという意味で、この2つは共通しているんです。ただ違う点もあります。

政治家の仕事は、「最大多数の最大幸福」というか、あるいは不幸を最小にするといった、全体をどうするかを考える仕事です。弁護士の仕事は、その弁護士を頼《たよ》って来た目の前の人をどう助けるかを考えます。目の前の人を救《すく》うということは、結果的に世の中全体の役に立ちますが、政治の場合は、初めから世の中全体がどうなるかを考えながら仕事をします。その違《ちが》いは、結構《けっこう》大きいかもしれませんね。

それから、政治家は、自分でやりたい仕事を選べません。たとえば東日本大震《ひがしにほんだいしん》災《さい》のような緊急事態《きんきゅうじたい》が発生したら、すべてをなげうってそれに立ち向かわなくてはいけません。

でも、政治家は子どものころからなりたかった仕事です。やりがいがある仕事をやらせてもらっているので、政治家になったことに後悔《こうかい》はないです。

日本初の候補者公募《こうほしゃこうぼ》でチャレンジ

僕の場合は、政治家につてがありませんでした。今はどの政党《せいとう》でも当たり前に候補者の公募をするようになったのですが、日本で初めて公募をしたのが、日本新党という政党でした。

僕は、1993年にその日本で初めての候補者公募に応募《おうぼ》したんです。ほかのルートはありませんでした。政治につてがない人間でも候補者になれるかもしれないというルートを作ってくれたのが、たった1つ、細川護熙《ほそかわもりひろ》さんが作った日本新党という政党だったんです。党を選ぶというよりも、それしかなかったということです。

もちろん、応募する時に、細川さんが書いた党を作った意味や理念、目指す姿《すがた》

●候補者の公募
日本新党の第1回公募の時は約150人の応募者の中から2人が選ばれた。枝野氏は、その中の1人。

を読んでみて、違和感《いわかん》がなかったから応募しました。
ただ、もしその時公募《こうぼ》していたのが自民党だったら、自分の考えとは違《ちが》うので応募《おうぼ》していなかったでしょうね。

震災《しんさい》で人生観を変えるような危機《きき》と直面

2011年3月、我々民主党が与党《よとう》だった時に、東日本大震災が起きました。みなさんの中には、まだ産まれていない人も多いでしょうね。被災地《ひさいち》はもちろん、東日本全体が甚大《じんだい》な被害《ひがい》をこうむりました。

震災が起きたのは、僕が官房長官《かんぼうちょうかん》になって2ヵ月後のことでした。被災地の状況《じょうきょう》や政府の判断を国民に伝えるのが官房長官の仕事なので、テレビを通して国民に発信しました。

もちろん就任《しゅうにん》した時から、もしどこかで何かが起きたら、官房長官はキーパーソンになる大事な仕事だということはわかっていましたが、まさか1000年に一度というような大きな災害《さいがい》が来るとは思っていなかったので、まったく予想外の状況でした。

●官房長官
内閣官房長官のこと。内閣のあらゆる事務の取りまとめや各党との調整のほか、政府の公式見解を発表したりするため、国民の目に触れる機会が多い。大臣の1つで、内閣のナンバー2とも言われることが多い重要なポスト。

●原発の状況
津波により、東京電力福島第一原発がメルトダウンを起こし、大量の放射能がもれる重大な事故となった。

原発《げんぱつ》（原子力発電所）の状況がひどくなって、そこから避難《ひなん》してもらわなくてはならない範囲《はんい》が広くなっていきました。このまま事故の拡大《かくだい》が止まらないと、さらにひどくなって、最終的には首都圏《しゅとけん》まで被害が及《およ》ぶかもしれない……という話が出るところまで状況は悪化しました。

結局はなんとか止まってくれたのですが、あの時は、「どこまで広がるんだろう、いつまで止まらないんだろう」と不安でした。人間の力ではどうにも止めることができない、我々がどんなに努力をしても止まらないぎりぎりの線までいっていたんです。

その線を越《こ》えてしまったら、手の打ちようがなくなる。つまり放射線《ほうしゃせん》の数値が高くなるので、原発に近寄れなくなります。放射性物質《ほうしゃせいぶっしつ》が出るに任せるしかなくなるわけです。そのぎりぎりのところで止まった。あの時は、本当に強い恐怖《きょうふ》がありました。

あのような経験《けいけん》を、政権《せいけん》を担《にな》う中でしてしまったから、「もう原発に頼《たよ》ってはいけない、すぐにでもやめないといけない」という思いが、心に強く刻《きざ》まれました。

危機の時の官房長官《かんぼうちょうかん》

「寝《ね》ない男」「ずっとテレビに出ている」などと、私のことが世界のニュースになるほどでしたが、本当にあの時、最初の一週間くらいは布団《ふとん》で寝ていなかったんです。4、5日は官房長官室のデスクの椅子《いす》でうとうとして、また別の日はソファで少しの間横になれるという日々でした。

後から思うと、よく体がもったと思いますが、その時一番大変だったことは、体のことより、とにかく状況《じょうきょう》が何もわからないということでした。わからないのにテレビで話さなくてはいけないんです。

今でも、たとえば地震《じしん》があったとして、テレビをつけてニュースで官房長官が記者会見をやっていれば、官房長官にはあらゆる情報がみんな入っていると思うでしょう？　すべてわかっていて説明しているとみんな考えると思います。だけど実際は、わかっていないことのほうが多かったのです。ほとんど情報がなくて、限《かぎ》られた情報の中で何か伝えなければいけませんでした。

それが官房長官という仕事です。

与党《よとう》、野党《やとう》を経験《けいけん》して

僕は1993年に国会議員になった時、与党としてスタートしました。国会議員になった時の最初の内閣《ないかく》が細川《ほそかわ》内閣、次が羽田《はた》内閣、そして村山《むらやま》内閣で、この間は与党なんですよ。

だから、2009年に民主党が与党になった時、大変だという意識はまったくありませんでした。ようやく与党に戻《もど》れたなという感覚でしたね。少し長く間隔《かんかく》が空いてしまったことのほうが異常だと思っていたので、2009年に政権《せいけん》をとった時は「ああ、やっと元の位置に戻った」という感じでした。

今も、野党でいる今の状況がイレギュラーで、本来の位置に戻《もど》るために仕込《しこ》みをしていると思っています。

得票率《とくひょうりつ》と議席の数

今は、選挙の結果が実際の得票以上に議席の数に大きく反映される選挙《せんきょ》制度をとっています。「実際には50%未満しか得票していなくても、4分の3以上の議

●実際の得票以上の議席数　選挙で実際に得た得票数と獲得する議席数にズレがあること。たとえば、2017年の衆議院選挙では小選挙区で与党（自民党・公明党）は得票率49.32%で獲得した議席数は226。一方、野党は得票率50.68%で獲得した議席数は63だった。

席を得ることもできるという制度」ですから、この選挙制度をとっている以上は、自民党が強いように見えています。

でも実際は自民党が強いのではなく、野党《やとう》が弱いのです。野党がもう少し強くなれば、立場はひっくり返ります。

自民党は、新聞の世論調査《よろんちょうさ》で支持率《しじりつ》が高いと言われている割には、得票が増えていません。ということは、おそらく、ほかに支持したい政党《せいとう》がないから「自民党を支持する」と答えておく、という程度の、弱い支持が拡大《かくだい》しているのではないかと感じています。

政権《せいけん》交代が当たり前の状況《じょうきょう》を作る

僕は、今の小選挙区を軸《じく》とした選挙《せんきょ》制度で基本的にいいと思っていますが、何回か政権交代を繰《く》り返《かえ》さないといけないと思います。

僕らが2009年に政権を取った時に、このまま10年も20年も与党《よとう》でいると思っている人がまわりにたくさんいました。僕は「そんなにうまくいくわけはないだろう、また遠くない将来に野党になる」と思っていましたが、まわりには与

●小選挙区を軸とした選挙
衆議院選挙は小選挙区制（1つの選挙区から1人が当選する）と比例代表制（各政党が獲得した投票数に比例して議席を配分する）を併用《へいよう》している。

党でい続けると思っている人が多かった。

今はあまり緊張感《きんちょうかん》のある政治になっていません。でも、票の実態《じったい》などを考えると、いつ与党と野党がひっくり返ってもおかしくないんです。

野党第1党である立憲民主党の立場としては、できるだけ早く政権を交代させて、「政権はひっくり返るのが当たり前だ」という状況を作らなければいけない。「今は与党でも、次の選挙では野党になるかもしれない」「今は野党でも、次は与党かもしれない」とお互《たが》いが思うようになれば、緊張感が生まれ、政治はよくなると思います。

それが民意《みんい》をくみとるということだと思います。

党代表の時に大変だったこと

民主党幹事長《かんじちょう》や官房長官《かんぼうちょうかん》の時も十分気をつけていましたが、党代表の発言はまわりの仲間を含《ふく》めて多くの人たちに影響《えいきょう》を与《あた》えます。だから発言には慎重《しんちょう》になります。気も遣《つか》いました。

幹事長や官房長官は、その上に党の代表や総理大臣がいるので、仮に間違《まちが》った

ことを言ってしまっても、代表や総理大臣が発言を修正することができます。あるいはクビにされることで、責任をとることができます。でも、代表という立場で失言をしてしまったら、本当に取り返しがつきません。

その責任は、幹事長《かんじちょう》と比べると格段《かくだん》に重いですね。

僕は与党《よとう》時代に、総理大臣のそばで幹事長や官房長官《かんぼうちょうかん》の仕事を経験《けいけん》したので、党代表の仕事をするのに特別困《こま》ることはありませんでした。

総理大臣は、時代と周囲の期待が作る

党代表のころ私は、総理大臣を目指さなくてはいけない立場でした。野党《やとう》第1党の党首《とうしゅ》というのは、総理大臣を目指さなければ、緊張感《きんちょうかん》のある政治はできません。だから、私は目指していました。

でも政治家を何年かやった段階で、総理大臣はなりたいと思ってなれるものではなくて、まわりの人間とその時の状況《じょうきょう》が作るものだと強く感じました。だから、総理大臣になりたいと思ってもしかたがないんです。

受験勉強や資格試験、就職試験では、何かになりたいと思って自分が努力をす

れば、その努力によってかなりの割合で実現できるものです。だから、「なりたい」と思う気持ちは大事なのですが、総理大臣の場合は違《ちが》います。

なりたいという本人の意志《いし》よりも、まわりが「この人にやらせたい」と思う、あるいは「この政治家にやらせる」という時代や状況になっていることで決まります。政治家、国会議員になって5、6年でそのことを強く感じたので、僕は総理大臣になりたいとは思わなくなりました。

でも党代表のころはまさに、総理大臣を目指すべき立場にまわりと時代がしてくれたので、目指していました。

政治家としての資質《ししつ》

ほかの能力と比べて自分の中で優《すぐ》れていることがあるとすれば、実行力です。実行力、あるいはリアリズム。

政治家の仕事が学者と違う点は、学者は正しいことを「言う」のが仕事で、政治家は正しいことを「実行する」のが仕事だというところです。実行するためには、遠回りをしなければいけないこともたくさんあります。

●リアリズム
理想や空想ではなく、現実の事態に合わせて物事を処理しようとする考え方。

正しいことを言うだけで実現できるなら、世の中もっとよくなっているでしょう。でもそうはならない。Ａ地点に向かっていけば一番近いのに、あえて一度逆方向に行ってから回っていかないといけないということもあります。政治の世界でもそうです。

その時にあえて遠回りをするような判断ができるということが、自分の能力の中では比較的得意なことじゃないかなと思います。

うまくできたこと、うまくできなかったこと

これまでに行った納得《なっとく》のいく仕事で、世の中に大きな影響《えいきょう》を与《あた》えたものでは、薬害《やくがい》エイズの問題があります。薬の害でエイズに感染《かんせん》させられてしまった方たちがいました。今ではエイズは治療《ちりょう》すれば長生きできますが、その当時は死にいたる病気でした。

この薬害エイズに関して、製薬《せいやく》メーカーや当時の厚生省《こうせいしょう》の責任を認めさせたというのが、社会的に影響を与えた一番大きな仕事だと思います。

また、自分の仕事で一番上手にやれたと思うのは、２０１７年の立憲民主党の

●薬害エイズ
血友病《けつゆうびょう》の患者に非加熱製剤を投与したことにより、多くの患者《かんじゃ》がエイズにかかった事件。

立ち上げから、その直後の衆議院選挙《しゅうぎいんせんきょ》です。

失敗したことは、私が幹事長の時、菅直人《かんなおと》総理大臣が消費税《しょうひぜい》を10％に上げると言い出したのを、止めきれなかったことですね。

変わり者を大切にする社会を作る

僕個人の立場としてやりたいことは、日本の進んでいる道を方向転換《ほうこうてんかん》させたいという一点につきます。早くそれを実現したいです。

今の日本は、同調圧力《どうちょうあつりょく》が強い社会になっていますよね。人と違《ちが》っていることは悪いことだという空気がどんどん強くなっています。この空気感は、絶対におかしい。「違っている（もの）」「変わっている（もの）」にも価値がある、という社会にしないと、日本は生きていけません。

発展途上国《はってんとじょうこく》は人件費《じんけんひ》が安いから、ものを安く作れます。日本は人件費が高いから、安くは作れません。そうすると安いものをたくさん作るということでは、日本は世界の中で勝てません。価格競争では生きていけないということです。

その代わり、日本では、これまで先輩《せんぱい》たちが残してくれた力で、途上国で作れ

●党の立ち上げ
衆議院選挙の際、民進党から分離した立憲民主党を立ち上げて、選挙で議席を15から55に増やした。

ないものを作れるのです。数は少ないけれど価値が高いものを作り、売ることができる。科学技術の世界、工業製品の世界では今も日本は強いけど、これから、新しい技術や新しい製品を、もっと次々に生み出さなければいけないんです。

みんなと一緒《いっしょ》であることが価値だ、みんなと一緒であることがいい、人と違《ちが》うことはやらないほうが無難《ぶなん》だという人ばかりになったら、誰《だれ》も新しいものを生み出してくれないです。そうすると、日本全体の元気がなくなります。

新しいものを生み出すのは、だいたい変わり者です。変わり者を大事にする社会にしなければいけないのに、どんどんそういう人を押さえつける社会になっていっている。

自分は特別目立たないけど、あの人は変わったことを言うな、自分とは違うけど、そういう人を大事にしようね、とみんなが思う社会にならないと、新しい芽がどんどんつぶれていってしまいます。そうすると日本は世界の中で生きていけなくなると思います。

「昔はよかった」ではなく「今がいい」

実はみなさんはものすごく運のいい人たちです。世界には今、約80億人いますが、食べるものも着るものも足りないところに生まれてくる人のほうが圧倒的《あっとうてき》に多いんです。あるいは戦争の恐怖《きょうふ》を日々実感しなければいけないようなところで生まれ育っている人がたくさんいます。

運がいいことをどう生かしていくかを考えてください。

ともすると、世の中の大人は、「昔はよかった」と言うんです。そう言われると、僕たちが生まれてきた時代はなんかよくないんだ、という空気になったりするんだけど、そんなことはありません。こんなに豊かでモノがあふれている中に生まれてこられただけで、ものすごく運がいい。でもそれを生かせるかどうかはみなさんしだいです。

「自分は運がいいんだ」と、自信をもって生きていってください。

政治の基本用語③

国賓《こくひん》と公賓《こうひん》の違《ちが》いは？

政府が外国から迎《むか》えるお客様を「国賓」「公賓」というが、その違いは何だろうか。

国賓は国王や大統領など国家元首だけに使われる言い方で、歓迎《かんげい》行事は宮内庁《くないちょう》が取り仕切る。一方、公賓は首相や皇太子、王族、副大統領やそれに準ずる立場の人で、歓迎行事は外務省が取り仕切る。

国賓や公賓をもてなすのは、国同士の友好関係を深めることが目的。日本政府が招《まね》いた公式訪問の場合は、日本側が費用をすべて負担《ふたん》する。本人以外に同行者の宿泊や移動、食事から警護《けいご》まで、1回お客様を迎えるのに2500万円もの莫大《ばくだい》な費用がかかる。そのため、国賓として招待《しょうたい》する人数は、年間で1～2人に決められている。なお、非公式訪問の場合は、訪問する側が負担する。

また、晩《ばん》さん会など食事の提供《ていきょう》では、文化・宗教上の理由や体質的理由で食べられない食材について事前に確認して細心の注意を払《はら》っている。おもてなしも簡単じゃない。

ありがとうございました！
パタパタ
本当《ほんとう》に大変《たいへん》なときに官房長官《かんぼうちょうかん》になったんだね
病弱《びょうじゃく》だった子《こ》が、「眠《ねむ》らず戦《たたか》う男《おとこ》」として働《はたら》いてたのか～
枝野《えだの》さんが最初《さいしょ》に所属《しょぞく》した政党《せいとう》って、最初《さいしょ》に訪《たず》ねた細川《ほそかわ》さんが結成《けっせい》した日本新党《にほんしんとう》だよね
細川《ほそかわ》さんは、伝手《つて》がない人《ひと》でも政治家《せいじか》になれるしくみも作《つく》ってたんだ
古《ふる》いしがらみのない意見《いけん》は、新風《しんぷう》を吹《ふ》き込《こ》む
日本新党以降《にほんしんとういこう》、新《あたら》しい人《ひと》たちが集《あつ》まって、いろいろな新党《しんとう》がつくられてる
新進党
いろいろな人《ひと》が総理大臣《そうりだいじん》を目指《めざ》しているのかな？なんかすごいね

うん・・・
それにしても、総理《そうり》大臣《だいじん》になった人《ひと》は、そういう立場《たちば》になって、目指《めざ》すようになったり
周《まわ》りから期待《きたい》され頼《たの》まれてなったり
自分《じぶん》がやらなければという使命感《しめいかん》で立候補《りっこうほ》したり……
必《かなら》ず改革《かいかく》する！って総理《そうり》になった小泉《こいずみ》さんもいたよ
決《き》まった道《みち》があって、テストでどんどん昇格《しょうかく》していく、というのとは違《ちが》うんだよな
でも、いろんな総理《そうり》に共通《きょうつう》していたのは大《おお》きな志《こころざし》とそれをつらぬく勇気《ゆうき》だった
強《つよ》い意志《いし》でよりよい社会《しゃかい》を作《つく》るために最前線《さいぜんせん》で働《はたら》くのが総理《そうり》大臣《だいじん》なのかな

大地《だいち》よ。君《きみ》はこの学《まな》びの旅《たび》で、何《なに》かを得《え》たんじゃないか？
え、うーん
たしかに、今《いま》まで政治《せいじ》や選挙《せんきょ》にぜんぜん興味《きょうみ》がなかったけど
政治家《せいじか》って思《おも》っていたよりすごい仕事《しごと》で
総理大臣《そうりだいじん》のような責任《せきにん》の重《おも》い仕事《しごと》をする人《ひと》がいるから、
僕《ぼく》らの社会《しゃかい》が成《な》り立《た》っているってことを実感《じっかん》した。
だけど、総理大臣《そうりだいじん》が一人《ひとり》で何《なに》かを成《な》しとげてるんじゃなくて
与党《よとう》も野党《やとう》も、違《ちが》う立場《たちば》や意見《いけん》を共有《きょうゆう》しあって一緒《いっしょ》に考《かん》えることで
皆《みんな》で社会《しゃかい》のしくみや法律《ほうりつ》を変《か》えていく…それって、すごいことだなって思《おも》いました
政治家《せいじか》の数《かず》だけ考《かん》えもあるだろうから今《いま》は、もっといろんな政治家《せいじか》の人《ひと》の考《かんが》えが知《し》りたいです

そうか、そうか
うん!!
やっぱり人間《にんげん》の社会《しゃかい》は、人《ひと》が努力《どりょく》して作《つく》るべき！僕《ぼく》は、そう
おも…
ビシャー
さっきのカラス!!
いかん!! 少《すこ》し急《いそ》がねばならぬぞ
どうしたのホースケさん?
フキフキ
詳《くわ》しいことは後《あと》じゃ!!
次《つぎ》はまた違《ちが》う政党《せいとう》、国民民主党《こくみんみんしゅとう》の玉木代表《たまきだいひょう》を訪《たず》ねよう
財務省《ざいむしょう》の官僚《かんりょう》から政治家《せいじか》に転身《てんしん》した方《かた》で動画配信《どうがはいしん》もされておる
玉木雄一郎
衆議院議員
国民民主党代表
出身地 香川県
へ～、どうして政治家《せいじか》になったんだろう

玉木《たまき》雄一郎《ゆういちろう》

国民民主党代表

田舎《いなか》育ち、星をながめる少年

私は子どものころ、香川県の田舎に住んでいたんです。小学校には毎日30分以上かけて通っていました。その途中《とちゅう》に山や川があって、自然の中に入って遊ぶのが好きだったので、寄り道して虫をとったり、1人で山に登ったり、川の中に入ったり、そんなことばかりしていましたね。

星を見るのも好きでね。本当に田舎なので、夜空がすごくきれいなんです。星座を見上げて星の研究をしていました。図鑑《ずかん》を買ってきて、太陽の大きさや木星の大きさを調べたり、海王星は何でできているのかとか、そんなことばかり考えていました。「宇宙飛行士になろう」と考えていましたね。あとは、よくサッカーやバレーボール、野球をしていました。野原を走り回ったりして、体を動かすことが多い子ども時代でしたね。

幼稚園《ようちえん》、小学校、中学校のころは、体が小さかったんです。そのころの仲間は今でも仲が良くて、私が選挙《せんきょ》に出た時に一番手伝ってくれたのは、小学校の同級生でした。

家が農家だったのですが、「農作業を手伝え」と家族に言われるのが嫌《いや》で嫌で仕方ありませんでした。それで、中学の時は農作業から逃《に》げるためにたくさん勉強したから、成績が上がりました。

家のまわりには子どもがあまりいなかったから、1人でいることが多かったんです。だから、1人で考えたり何かしたりすることが多かったですね。1人で山に行って、季節の植物をながめたり、花や虫を愛《め》でたり、自然の中で楽しむ少年でした。

家から一番近い雑貨屋《ざっかや》さんが2〜3キロ離《はな》れていて、そこまで「少年ジャンプ」を買いに行って、いち早く読むのが楽しみでした。3人兄弟の長男だから、兄の私が買いに行くんです。自分が最初に読んで、弟たちに渡《わた》していました。

政治家を志《こころざ》すきっかけになった、1枚の写真

政治家になった原点は、小学校4年生くらいの時に見た写真です。図書館で見た図鑑に、アフリカの子どもたちの写真がありました。お腹が大きくふくらみ、餓死《がし》しそうな子どもの写真でした。その時、「同じ地球に住んでいるのに、死にかけている子どもがいる」と思ったんです。自分は十分に食べられているけど、

この子たちは同じ子どもなのに食べられない。そんな子たちをなんとか救《すく》えないだろうか、と思ったのが、政治家を志《こころざ》すようになったきっかけです。

大人になって選挙《せんきょ》に出た時に、小学校の同級生が「玉木は、小学校の卒業文集に、国連の事務総長《じむそうちょう》になりたいって書いているよ」と言って卒業文集を持ってきました。自分では忘《わす》れていたのですが、確かに書いてありました。「世界を平和にしたい。貧《まず》しい人を助けたい」と、当時から思っていました。

生まれた時の差を正したい

大人になってからも子どものころと同じ思いで、今の職業につきました。大学院でアメリカに留学したのですが、国際的な視点《してん》で見ると、日本は恵《めぐ》まれていることがわかります。でも、日本の中にも、恵まれていない人はいます。チャンスさえ与《あた》えられない人もたくさんいます。そういう人たちを助けたいというのが、今も政治家をやっている一番の原動力です。

生まれてくる地域や国、家庭は選べません。偶然《ぐうぜん》お金持ちの家に生まれたらいろんなことができるけど、貧乏《びんぼう》な家に生まれたらやりたいこともできないし、好きなこともできません。ましてや貧しい国に生まれたら、食べることさえ十分でないかもしれない。でもそういうことは、自分の努力では何ともできないことです。人生がスタートラインから違《ちが》うというのはおかしいですよね。それを正すのが政治です。

もちろん努力もしなくてはいけないし、競争《きょうそう》もしなければいけません。でも、個人の努力では何ともしがたい、人生のスタートラインからずれているところは、やっぱり直したいし、すべての子どもたちにチャンスを与えたい。そういう仕事をしたいと思ったんです。

最初の党の選び方

私は政治の世界は緊張感《きんちょうかん》がないといけないと思っています。今、自民党政権《せいけん》が長く続いています。自民党政権には、私も財務省《ざいむしょう》の役人として仕えたこともあるのですが、もう1つの選択肢《せんたくし》をぜひ作りたいと思って、２００５年、当時野党《やとう》だった民主党から衆議院《しゅうぎいん》選挙に出馬《しゅつば》したんです。それは、政権交代《せいけんこうたい》、つまり政権をとっている党が入《い》れ替《か》わる仕組みを作りたいと思っているからです。アメリカで言えば共和党と民主党、イギリスなら保守党と労働党のように、時々政党が交代する仕組みを作りたいと思いました。

それで、当時野党《やとう》だった民主党から立候補しました。4年後に政権《せいけん》交代《こうたい》を実現して、3年3ヵ月は与党《よとう》でしたが、今はまた野党に戻《もど》っています。でも私は、与党になったり野党になったりを繰《く》り返《かえ》すことが大事だと思っています。

たとえば同じiPhone《アイフォーン》が、ドコモにもau《エーユー》にもソフトバンクにもありますよね。商品自体は同じなんですよ。でも、複数の会社で売って、競《きそ》い合《あ》うんです。サービスが悪くなると、ほかの会社に乗《の》り換《か》えられてしまうから、サービスをよくしようと思ってがんばるんです。

政治も同じで、いつも複数の選択肢《せんたくし》が国民に用意されているということが必要です。それが緊張感《きんちょうかん》をもたらして、権力の腐敗《ふはい》や慢心《まんしん》を防ぐことにつながると思います。

まだ道《みち》半《なか》ばですが、自民党に代わるもう1つの、政権を引き受けることができる、信頼《しんらい》される政党《せいとう》を作りたいと思って、当時野党第1党だった民主党から出馬《しゅつば》をしたんですよ。

野球もサッカーもそうだけど、1チームだけが強いと面白くないですよね。張

り合うチームがいるから競争してお互《たが》いに強くなるんです。

「チェック機能」と「もう1つの提案」

野党の役割は2つあります。1つは、その時の政府をチェックすること。税金の使い道が本当に正しいのか、無駄遣《むだづか》いしていないか、統計《とうけい》をとる時、根本の数字が間違《まちが》っていないかなどを厳《きび》しくチェックする「チェック機能」が野党の大きな仕事です。

英語で野党のことをOpposition party《オポジション・パーティー》と言います。「Opposition《オポジション》」は反対という意味ですから、反対するのが野党の仕事なんです。政府が何かをする時、常に批判的《ひはんてき》な目で見ること。一見正しいことでも正しいかどうかをチェックすることが大事なんです。

もう1つは、今の政権では実現できない新しい社会の姿《すがた》をしっかり示して、もう1つの選択肢を示すことです。たとえば、一定の所得以上《しょとくいじょう》のお金持ちから集めたもの（税金）でみんなが豊かになるという方法があったり、全員から平等に税金をもらう方法があったり、どちらが正しいかではなくて、「社会のあり方はこうなったらいい」という考えが複数あったほうがいい。いいと思えるもう1つの考え方や、社会のあり方を示すというのが、野党のもう1つの役割です。

そして私たち国民民主党は、単なる批判《ひはん》や反対をするだけではなくて、みんなの声を集めて、未来につながる新しい答えを作っていく、きちんと対案《たいあん》を出していくと決めています。「つくろう、新しい答え。」というのが党のスローガンです。

今の与党《よとう》は大きな組織《そしき》、大きな企業《きぎょう》の後《うし》ろ盾《だて》があって成り立っています。でも国民民主党は、一般《いっぱん》の生活者のための政策《せいさく》や政治を行うというのが原点にあります。立ち位置は大きく違《ちが》います。

国民を縛《しば》るのが法律、権力者を縛るのが憲法

憲法は日本の最高法規《ほうき》ですが、時代に合わなければ変えればいいと私は思います。ただ、闇雲《やみくも》に変えてはだめです。憲法は国民のものなんですよ。

法律と憲法の唯一《ゆいいつ》違う点は何でしょうか。法律は国民を縛《しば》ります。たとえば、人は道路の右側を歩きなさい、自動車は左側を通りなさい、と国民の行動を縛るのが「法律」です。一方、「憲法」が縛るのは権力者です。国民と権力をもって

●最高法規
法の頂点にあり、最も強い効力をもつ法。日本において一番強いルール。

いる人との契約書《けいやくしょ》が憲法です。たとえば、選挙《せんきょ》で勝ち、権力をもった人（与党《よとう》）が、「5月生まれの人だけ、全員税率アップ」という法律を作ろうとした時、多数の人が選んだ国民の代表として、民主的に決めて法律を作ることはできるんです。そうすると、5月生まれの私の税率は、ほかの月に生まれた人より上がってしまいます。それは不平等です。

では、憲法に何が書いてあるかというと、多数の議席をもった権力者でも、守らなければいけないことが書いてあるのです。難しい言葉で言うと、権力をもった人や政権《せいけん》の権力行使《けんりょくこうし》を縛るためにあるのが憲法。だから、権力をもっている側がやりたいように憲法を変えていくようなことは、避《さ》けなければいけません。

国民から意見が出てきて憲法を変えるのはいいのですが、権力をもっている人が自分の権力をより使いやすくするような憲法改正《けんぽうかいせい》には、常《つね》に慎重《しんちょう》でなければいけません。国民は権力者を監視《かんし》しなければいけないのです。

だから、国民が求めて国民が理解できる憲法改正には賛成だけど、権力者が自分のためにするような憲法改正は慎重に見ていかなくてはいけない、というのが私の考えです。

預《よ》貯《ちょ》金《きん》がゼロでも不安ゼロの社会へ

私は、預貯金がなくても不安のない社会を作りたいと思っています。これも政治家としてやりたいことの1つですね。

「人生100年時代」と言われても、その暮らしを支えてくれる保障がなければ不安があります。病気になったり、障害《しょうがい》があったり、人生にはいろんなことがあります。だけど私は、どんな人も人間としての尊厳《そんげん》をもって生きていける、最低限の保障がある暮らしを、しっかり整備《せいび》していきたい。預貯金ゼロでも不安ゼロの社会を作りたいと思っています。その上で、みんな生活の心配をせずに、思い切ったことがどんどんできるような社会にしたいです。

一人ひとりの力をベストに伸《の》ばす、教育改革《かいかく》

無料で高校に行けるようにしたい、お金がなくても大学に行けるようにしたいと思ったのも、私が政治家になった理由の1つです。

私はもともと田舎《いなか》で生まれ育ったので、どんな地域に生まれても優《すぐ》れた教育を

受けられるような環境《かんきょう》を整備したいと思っていました。たとえ貧《まず》しい家庭に生まれても、義務教育《ぎむきょういく》は受けられます。でも、今でも経済的な理由で、高校や大学には行きたくても行けない子もいます。だから、それをぜひ解消したい、と思いました。

２００９年に政権交代《せいけんこうたい》して民主党政権ができた時に、高校の無償化《むしょうか》は実現し、今も続いています。それまで、高校からは授業料が必要だったのが、高校も無料になって、経済的な理由で退学する人がぐっと減《へ》ったのです。これは達成感《たっせいかん》のある仕事の１つでした。

これからやりたいことは、教育の改革《かいかく》です。今の学校の授業って、座《すわ》って聞いていることが多いでしょう？　あれはあまり効果的ではないと思っています。興《きょう》味《み》も理解《りかい》のスピードも人それぞれ違《ちが》うから、その人に応《おう》じた授業をタブレットなどで受けるという授業の形を、もっと広めていきたいですね。

たとえば、分数のわり算みたいに、つまずく人が多いテーマは、ビッグデータを集めて、そのつまずきを解決できるようにすることが大事です。みなさんそれぞれの力をベストに伸ばすという教育に変えていきたいと思っています。

今の教育現場は、クラスの中の順位などで評価したりするでしょう？　そんな

●ビッグデータ
日々生成される膨大《ぼうだい》で複雑なデータのこと。これらの収集・分析《ぶんせき》により、多くの分野でさまざまな価値を生み出せると期待されている。

ことより、自分のもっている能力をそれぞれが最大限に発《はっ》揮《き》できるように、手助けする教育に変えたいですね。

党代表はユーチューバー

私は、ユーチューブで動画を配信しているんです。みんなにも「たまきチャンネル」を見てほしいですね。国会の豆知識を発信したり、私自身が街の人にインタビューしたりしています。

また、国《こっ》会《かい》議《ぎ》事《じ》堂《どう》の紹《しょう》介《かい》をしたり、1週間の主《おも》なできごとや政治の難《むずか》しいニュースなどを、わかりやすく説明したりしています。わかりやすく伝えることで、みんなに少しでも政治に興《きょう》味《み》をもってもらいたいですね。

荘《そう》厳《ごん》な国会議事堂の本会議室

国会議事堂は、多くの人が歴史を刻《きざ》んできた重《じゅう》厚《こう》な建物です。建築としても美しいし、前に立つと、国会に身を置いているんだと、改めて思います。歴史に恥《は》

じないようにしようと身が引《ひ》き締《し》まります。

「国会は国権《こっけん》の最高機関である」と憲法にも書いてあります。私もここに身を置いている以上、自分のためではなく、国家国民のためになる仕事をしたいと、いつも思っています。

国会には、議員会館から直接入れる入り口があります。そこから入ると、国会議員が出席したかどうかがわかる「登院盤《とういんばん》」という掲示板《けいじばん》があります。党ごとに分かれていて、その中であいうえお順に名前が並んでいます。選挙《せんきょ》のたびに場所が変わるので、初登院の時、自分の名前はどこか、探すこともあります。

テレビで見たことがあるかもしれませんが、本会議場は最終的にすべてを決める場所です。もっとも重い議場《ぎじょう》で、ここには秘書も入れません。帽子《ぼうし》をかぶっても入れません。

正面の議長席に向かって扇形《おうぎがた》に席が配置されています。左から議席が多い順に政党が並んでいます。同じ党の中では前のほうから、当選1回の席があり、後ろに行くほどベテランの席です。私は、当選5回なので、本当は真ん中くらいなのですが、今は党首《とうしゅ》なので一番後ろの席です。

正面の左右に、議員席に向かって並んでいるのは、閣僚《かくりょう》の席です。総理大臣、大臣たちが国会議員に向かって座《すわ》り、自分宛《あ》ての質問があれば、演壇《えんだん》に出て答えます。

歴史が生まれる、第一委員室

国会の論戦《ろんせん》の主戦場は第一委員室です。ここでたくさんの歴史が生まれてきました。

第一委員室は予算委員会が行われる部屋です。予算委員会以外にも、国の重要な法案《ほうあん》はここで議論されてきました。アーティストで言えば武道館、高校野球で言えば甲子園《こうしえん》です。質問する時、答える総理大臣との距離《きょり》も意外と近いんです。手を伸《の》ばせば届《とど》くような距離で、質問と答弁《とうべん》をします。距離の近さが、白熱した議論を生むことにつながるのかもしれません。

国会中継《こっかいちゅうけい》といって、テレビで中継されるのもこの部屋です。議員席を見下ろす中2階のようなところにカメラがズラッと並びます。私は質問の時に、わかりやすいようにフリップを使いますが、その時、カメラに向けて置くようにしています。

第一委員室から一番近いトイレは、総理大臣や大臣も使います。長い予算委員会の間には、質問相手の大臣とトイレで鉢合《はちあ》わせすることもあります。いわば裏第一委員室。会った時は、一言二言会話したりします。

国会ミニトリビア

国会内には議員もあまり知らないようなものもあります。たとえば、「議員専《ぎいんせん》用酸素《ようさんそ》ボックス」。私も、国会議員を8年くらいやっていて、ユーチューブの撮影《さつえい》で初めて入りました。もとは電話ボックスだったんですよ。中には酸素ボンベと吸引用のマスクが置いてあり、議論がエスカレートして興奮《こうふん》した議員が呼吸困《こきゅうこん》難《なん》になった時に使用します。

議員食堂では、国会議員が国会の前や間に食事したり、打ち合わせをしたりします。一般的《いっぱんてき》な食堂のメニューのほかに、お寿司《すし》のカウンターもあります。「国会弁当」というお弁当は、ごはんが議員バッジと同じ、菊《きく》の形になっています。

小学生、中学生、高校生からのメール

もしかすると、私は小学生や中学生から一番メールをもらっている政治家かもしれません。動画を見た高校生が「玉木さんに会いたい」と言って親と来てくれたので、国会の中を案内したこともあります。別の中学生も、「これまでは政治に興味《きょうみ》がなかったけれど、玉木さんの動画を見て興味をもったから、国会を見せてくれませんか」と来てくれたので、案内しました。

実際に国会を見ると政治を身近に感じるから、私が国会で質問するのを見てくれるようになったり、政治を自分のこととして考えてくれるようになったりします。

生まれ変わったら宇宙飛行士になりたい

子どものころから星や宇宙が好きだったから、生まれ変わったら宇宙飛行士になりたいですね。昔調べたら、裸眼《らがん》でなくてはだめと書いてあって、私は視力が低いから、「ああ、ダメだ」とあきらめたのですが、今なら視力は、「矯正視力《きょうせい》」

●矯正視力で……
昔は裸眼視力が基準以上であることが条件になっていたが、2020年の宇宙飛行士の応募条件には「両眼とも矯正視力1.0以上」とある。

でもよいようです。

そんな子どものころの夢もあって、今は宇宙の目をもった政治家になりたいと思っています。宇宙から見たら、地球には国境はないんですよ。国境線というのは人間が引いて、それを引いたことによって争《あらそ》いが起きています。国境なき世界、平和な世界にしたいですね。

政治家になったことに後悔《こうかい》はありませんが、2005年に出馬した最初の選挙《せんきょ》で落選《らくせん》してしまったため、家計的に苦しい中、子どもを育てながら活動していたころはしんどかったですね。

子どもは、それまでは東京に住んでいたのですが、私が選挙に出るために、私の生まれた香川に転居しました。だから、子どもは、私が生まれ育った香川で小学生、中学生時代を過ごしました。

そして、子どもが成長して多感《たかん》なころに、私は国会議員になったから、子どもと接する時間は、あまりとれませんでした。

子どもは、私がしていることをテレビを通して見たりして、今は理解《りかい》してくれているけれど、小学生のころは、複雑な思いだったに違《ちが》いありません。子どもが小さな頃に一緒《いっしょ》に遊べなかったことは、後悔《こうかい》していることの一つです。

新しい職業を生み出してほしい

今、子ども時代を過ごしているみなさんには、「今はない職業」についてほしいです。

今ある職業の中から、なりたい職業を探そうとしないでほしい。これからどんどん、今まで見たこともない職業が出てきます。みんなも新しい職業を作り出すつもりで、勉強して、いろんなことに臨《のぞ》んでいってもらいたいです。

みなさんがこれから生きていく社会は、今ある枠《わく》組《ぐ》みを超《こ》えた社会になっていきます。すごく楽しい社会になると思うので、ぜひ、今はない職業につこうと希望をもって生きていってほしいです。

総理のまめ知識 ZOOM

総理大臣の暮らし④

ＳＮＳが要《かなめ》!? 政治家の情報発信

今やネットでの情報発信は政治家にとって当たり前の時代。日常の活動を、ＳＮＳやブログなどを使って発信している政治家は多い。

「今日は××に視察《しさつ》に行った」「専門家と面談して△△について情報収集した」など、文字や写真で発信するほか、よりわかりやすいように動画を載《の》せることもある。新聞を購読《こうどく》しない人も増えていて、印刷物《いんさつぶつ》を送るよりもお金をかけずに多くの人に訴《うった》えかけることができるのも、ネットの利点。

このように日常の活動を選挙の時期以外にネットで発信することは問題ないが、選挙活動にネットの利用が認められるようになったのは２０１３年から。選挙についてのルールを定めた「公職選挙法」がネットの普及《ふきゅう》に合わせて改正されてから、まだ日が浅《あさ》い。

海外の投票のインターネット事情は？

日本では、選挙は原則、投票所に足を運んで投票することになっていて、投票所に行かずにオンラインで投票できる「インターネット投票」は、まだ認められていない。では、世界のほかの国ではどうだろう？

インターネット投票を導入《どうにゅう》している国の代表格が、ヨーロッパの北東部にあるエストニアだ。この国では政府主導でIT化が進められ、「電子政府」と呼ばれるほどデジタル化が進んでいる。国民たちは、日本でいうマイナンバーカードのようなIDカードを使って、「結婚」と「離婚」以外のほとんどの行政手続きを済ませることができる。IT化が進むエストニアでは、2005年に世界で最初にインターネット投票を導入して以来、少しずつネット投票の利用者は増え、全体の投票率も上がっている。

日本でも、海外にいる日本人がネットを通じて投票できるように求める声もあり、検討《けんとう》が進められている。しかし、たくさんのデータを安全に正しく管理するための仕組みづくりや、不正が行われないようにするためのルールづくりなどの課題が山積みで、まだ実現してはいない。

お父《とう》さんみたいな人《ひと》だった!
本当《ほんとう》に動画《どうが》配信《はいしん》してたね!
なんだか、親近感《しんきんかん》がわいた
今《いま》まで会《あ》ってきた方々《かたがた》の中《なか》で一番《いちばん》若《わか》かったな
世代《せだい》によって抱《かか》える問題《もんだい》は様々《さまざま》じゃ
お年寄りと若い人では悩みがちがう
だから、いろんな世代《せだい》の政治家《せいじか》がいたほうが各世代《かくせだい》が直面《ちょくめん》している問題《もんだい》に取《と》り組《く》める
それなら、年齢《ねんれい》だけじゃなくて、例《たと》えば子育《こそだ》て中《ちゅう》の議員《ぎいん》さんとか
いろんな境遇《きょうぐう》や背景《はいけい》をもつ議員《ぎいん》さんは、同《おな》じ立場《たちば》の人《ひと》の代弁者《だいべんしゃ》になれそう
自分《じぶん》の代《か》わりにいろんな問題《もんだい》に取《と》り組《く》んでくれるのが政治家《せいじか》でもあるんだなぁ

玉木《たまき》さんも困《こま》っている人《ひと》を助《たす》けたいって気持《きも》ちを子《こ》どものころからずっと持《も》ってたね
政治家《せいじか》ってやっぱり人《ひと》のために働《はたら》く仕事《しごと》なんだ
私《わたし》、政治家《せいじか》って、冷《つめ》たかったりえらそうな人《ひと》を想像《そうぞう》してた…
それでよく国会《こっかい》に興味《きょうみ》わいたな？
エヘヘ…
でもちがった!!
国会議員《こっかいぎいん》は皆《みんな》、日本《にほん》の社会《しゃかい》のこと真剣《しんけん》に考《かんが》えてたね
私《わたし》も、これから自分《じぶん》の社会《しゃかい》にもっと興味《きょうみ》持《も》ってみる!!

人《ひと》のために働《はたら》く仕事《しごと》って いろいろ あるけどさ
社会《しゃかい》そのものを よくするために働《はたら》く、それが政治家《せいじか》で 総理大臣《そうりだいじん》なんだな
人《ひと》が担《にな》う政治《せいじ》…って やっぱり人間《にんげん》の社会《しゃかい》には絶対《ぜったい》に必要《ひつよう》なんだ
ウムウム
さぁ、皆《みんな》、先《さき》を急《いそ》ぐぞ！
お話《はなし》をうかがうのは、次《つぎ》の方《かた》が最後《さいご》じゃ
安倍内閣《あべないかく》で 環境副大臣《かんきょうふくだいじん》も務《つと》めた 城内実衆議院議員《きうちみのるしゅうぎいんぎいん》
外務省《がいむしょう》で外交官《がいこうかん》を していた方《かた》なんじゃ

玉木《たまき》さんと同《おな》じ！
！
玉木《たまき》さんは財務省《ざいむしょう》だったけどな
城内《きうち》さんは大臣《だいじん》の下《もと》で働《はたら》いてたみたい！
BOOK
実《じつ》はそのときの経験《けいけん》から、城内《きうち》さんは政治家《せいじか》を目指《めざ》したそうじゃ
それで、自分《じぶん》が副大臣《ふくだいじん》に…？
何《なに》を大切《たいせつ》に思《おも》って政治家《せいじか》になったんだろう
BOOK
総理大臣《そうりだいじん》の仕事《しごと》のことはどう思《おも》っているのかな？
副大臣時代《ふくだいじんじだい》は、どんなことを考《かんが》えていたんだろう？
その頃《ころ》の城内議員《きうちぎいん》に会《あ》ってみるがよいぞ

城《き》内《うち》実《みのる》

外務副大臣・環境副大臣を歴任

ドイツ〜日本、転校を繰《く》り返《かえ》した小学生時代

私は小学校1年生から4年生まで、父の仕事の関係で、西ドイツのボンというところで暮《く》らしていて、初等《しょとう》教育をドイツの現地校で受けました。まわりはほとんどドイツ人でした。そして4年生の時に日本に帰ってきて、神戸、東京、横浜と小学校は3回変わりました。つまり、小学校は計4校通ったんです。

正直に言うと、私は勉強熱心ではありませんでした。日本に帰った時、「通る」という漢字が書けなかったんです。書けない人はクラスで私以外に2人しかいなくて、ショックでした。どちらかというと勉強よりもサッカーをやったり、遊んでばかりの小学生でしたね。

人生を変えた小6の夏

小学校6年生の時、このままではだめだと思いました。それで中学受験をしようと考えたんです。小学校6年生の夏は、これまでの人生で一番勉強しました。寝《ね》る時とごはんを食べる時、トイレとお風呂の時以外は机《つくえ》に向かって、1日14〜

15時間は勉強していましたね。

もともと負けず嫌《ぎら》いな性格だったので、受験に向けてがんばりましたが、東京の小学校には、優秀《ゆうしゅう》な子たちがたくさんいたんですね。栄光学園《えいこうがくえん》という私立中学を受けましたが、残念ながら落ちました。それで、公立の中学校に進み、高校受験をしました。東京学芸大学附属《ふぞく》高校やラ・サール高校も受けましたが、開成《かいせい》高校だけが受かりました。

小学校6年生の夏に、とりつかれたように勉強して、そこから人生が変わったと思います。中学受験をした理由は、チャレンジしてみようと思ったからです。手が届《とど》きそうもない目標に対して、がんばってやってみようと思いました。そして自分で思ったことだから、がんばれたんです。

私は、子どものころから常《つね》に目標は高くもつことにしています。そして「あいつにだけは負けたくない」と思ってがんばる。必死にやっているうちに、気がついたらライバルを追《お》い越《こ》していることも多いんです。

受験を振《ふ》り返《かえ》ると、4勝8敗くらいです。大学は浪人《ろうにん》していて、外交官試験《がいこうかんしけん》は3年生で一次試験には受かったけど、二次試験は落ちました。

失敗を繰《く》り返《かえ》しながら、意識を未来の高い目標に置いて、目標とする人物に向

●外交官試験
外務省が独自に実施していた上級公務員試験。合格すれば大学を卒業せず入省できたため、大学を中退する人も多かった。2001年に廃止《はいし》され、現在は他の省庁と同様の試験になった。

かってがんばり、追い越してまた次の高い目標に向かう。

子どものころから、自分の身の丈《たけ》に合わない高い目標をもって、挑戦《ちょうせん》しては失敗を繰り返し、それでもあきらめず突《つ》き進《すす》んでいくという人生です。

役人として大臣に仕えて知った理不尽《りふじん》

もともと政治家や国会議員になろうとはまったく考えていませんでした。選択《せんたく》肢《し》の1つにすらなかったんです。政治家は、目立ちたがり屋の変わった人たちがやっているものと思っていました。職業として国会議員になる人たちなんて、「自己顕示欲《じこけんじよく》が強いだけの人たちではないか」と、少しさめた目で見ていました。

外交官試験に合格して外務省《がいむしょう》に入りましたが、ある外務大臣の仕事に対する姿《し》勢《せい》に疑問《ぎもん》を感じたんです。2人の副大臣に仕事を任せきりで、そういう人が大臣としてもてはやされるのはどういうことだろうというところから、政治家について考え始めました。

そんな政治家の争いごとに右往左往《うおうさおう》している外務省の幹部《かんぶ》を見て、「これではいけない。国会議員になって、変えなくては」と思うようになりました。

それまでまったくなかった「政治家」という選択肢が、自分の中に出てきたんです。

政治家としてのスタート

私の父は静岡県浜松《はままつ》市出身です。私が政治家を目指し始めたころ、浜松では自民党の候補者《こうほしゃ》が、衆議院《しゅうぎいん》の選挙《せんきょ》で2回負けていました。保守新党《ほしゅしんとう》の熊谷弘《くまがいひろし》さんという、経験と実績があり、さらに選挙にすごく強い人がいて、誰《だれ》も同じ選挙区から立候補《りっこうほ》しませんでした。そこで地元の自民党の公募《こうぼ》があったので、外務省を辞《や》めて公募に応募《おうぼ》して、なんとか立候補予定者になったんです。

そして2003年の最初の選挙は運よく当選できました。当選時は無所属で、その後自民党に入党しました。

2回目の選挙では、当時の小泉《こいずみ》総理大臣の郵政民営化《ゆうせいみんえいか》に反対して離党《りとう》し、負けました。自民党に対抗候補者《たいこうこうほしゃ》を送られて、748票という僅差《きんさ》で負けたんです。その時が一番大変でした。

そんな時に限《かぎ》って、その後4年近く、衆議院解散、総選挙がありませんでした。

●対抗候補者
離党した人の選挙区に党本部が送る候補者。

落選《らくせん》すると政治家は無職になってしまうんです。苦労しましたね。でも、時間があったのでじっくり活動して、後援会《こうえんかい》を強くすることができました。それで地盤《じばん》を固めることができました。落選という失敗をしたことが、逆によかったのかもしれません。

●衆議院解散、総選挙
衆議院は任期満了か内閣不信任決議案が可決された時、もしくは内閣が解散を決めた時に解散し、総選挙となる。

立法府《りっぽうふ》の仕事

国会議員の仕事は、簡単に言うと新しい法律を作ったり、今ある法律を直したりすることです。

法律というのは全国共通のルールのようなものです。国会議員は、その全国共通のルール＝法律をよくしていくのが仕事です。日本は民主政《みんしゅせい》をとっているので、国民のみなさんの声を反映《はんえい》し、国会議員が代表として、国民の生活に影響《えいきょう》があるルール作りをしていきます。これは非常に大事な仕事です。

私は何がしたくて政治家になったかというと、そのルール作りに参加するためです。つまり、「立法府としての仕事」です。

●立法府
三権分立の立法・司法・行政のうち、立法を行う国家機関。国会のこと。法律を定める。

行政府《ぎょうせいふ》の仕事

それと同時に、与党《よとう》であれば行政府の仕事ができます。行政府とは、基本的には、国会議員の与党の人がなる総理大臣や大臣、私が務《つと》めた副大臣、その下の大臣政務官《せいむかん》から成《な》る内閣《ないかく》のことです。

私は環境《かんきょう》副大臣だったので、ここから先は環境に関する法律を作ったり直したりする流れを例にして、行政府の仕事を説明します。

行政府のメンバーは、法律を作ったり直したりするための原案《げんあん》を最初に作ります。そしてその原案について、自民党・公明党という与党の中で、「これは問題ではないか」とか、「ここはおかしいのではないか」と議論します。

次に衆議院《しゅうぎいん》の環境委員会で、野党《やとう》を交《まじ》えて議論をします。そして、委員会で賛成反対の採決《さいけつ》をして通ったら、議員全員が集まる本会議場で採決します。

委員会というのは、簡単に言うと班やクラスのようなものです。学校でも、全校生徒が体育館や講堂《こうどう》などで集まることがありますよね。それが国会で言う、本会議です。各委員会を通った法案《ほうあん》を採決して、衆議院全員で賛成反対の票をとります。

●行政府
三権分立の立法・司法・行政のうちの行政機関、内閣のこと。法律に基づき政治を行う。

●大臣政務官
各省の大臣を補佐し、政策や企画を考えたり処理したりする役職。1～3人の国会議員が務める。

次に同じことを参議院《さんぎいん》でもします。参議院の環境委員会で議論をして、それから参議院の本会議で採決《さいけつ》をします。それでやっと法律が成立し、施行《しこう》されます。施行とは、その法律が「何月何日から使われます」という意味です。

このように、それぞれの国会議員や環境省《かんきょうしょう》などの役所の人が、常《つね》にいろいろな視点《してん》をもって議論をして、法律を作ったり、直したりしているわけです。

政治家の真面目《まじめ》な仕事

法律に関する仕事の、このようなプロセスは、マスコミはほとんど報道してくれません。スキャンダルなどの報道は多いですが、国会議員がいろいろな委員会で、地道に一生懸命《いっしょうけんめい》仕事をしていることは、あまり報道されないんです。

みなさんも、学校で勉強したり、家で勉強したり、発表したり、普段《ふだん》真面目にやってることにはあまり注目されずに、誰《だれ》かとけんかをしたとか、学校に行かなくなったとか、そういうことはクローズアップされると感じたことがあるでしょう？

国会議員の人たちがいろいろと議論をして取り組んでいる、さまざまなプロセ

スについて、みなさんにももっと知ってほしいと思っています。

辞《や》めたい人はいない仕事

政治家の仕事は楽しくてたまらないです。仕事としてはすごく大変で、休みはほとんどありません。

でも、私だけではなく、国会議員だけではなく、県議《けんぎ》、市議《しぎ》、町村議会議員《ちょうそんぎかいぎいん》や知事、市長、町長、村長さんといった首長《しゅちょう》でも、「なってみたけど、やっぱり合わないから辞めました」という人は、ほとんど見たことがないですね。

なんで家族を巻《ま》き込《こ》んでまで必死になって選挙《せんきょ》に出なくてはいけないのかと思うこともありますが、政治家はそれだけ魅力《みりょく》がある仕事なんですよ。やりがいがあるんです。世のため人のためよかれと思ってやっているので、途中《とちゅう》で嫌《いや》になって辞めた人なんてあまり聞いたことがありません。

政権与党《せいけんよとう》でバリバリ仕事する

私はもともと熱心な自民党支持者ではなかったんですね。どちらかというと、民社党などを支持していました。たまたま選挙《せんきょ》の時に自民党の候補者《こうほしゃ》がその選挙区にいなくて、自民党から立候補《りっこうほ》する枠《わく》があったんです。それで地元の自民党の推薦《すいせん》を受けて選挙に出たことが、自民党に入ったきっかけでした。

でも、今、自民党でよかったと思うのは、人材が豊富《ほうふ》だということです。非常に保守的な人から比較的《ひかくてき》リベラルな人まで、自民党にはいろんな考え方の人がいます。そして、「政権与党《せいけんよとう》でバリバリ仕事をしたい」という人が多いです。

離党《りとう》した時については……法律に触《ふ》れることをしたわけではないのに、納得《なっとく》できませんでした。復党《ふくとう》したのは、自民党が野党《やとう》の時代です。当時は谷垣《たにがき》さんが自民党総裁《そうさい》で、「戻《もど》ってきませんか」と誘《さそ》ってもらい、復党しました。

私はある意味非常にラッキーでしたね。今だったら自民党は議員がたくさんいますから、自民党に戻《もど》るのは簡単ではありません。その時は民主党政権時代で野党でしたから、復党できたのです。

●谷垣さん
谷垣禎一《たにがきさだかず》。自民党総裁であったが、当時自民党は野党だったため総理大臣にはなれなかった。

総理大臣にしかできない仕事

子どものころから、高い目標を置いていますから、総理大臣にもチャレンジしたいですね。

総理大臣にしかできない仕事があるんです。それは首脳外交《しゅのうがいこう》です。たとえば、ロシアのプーチン大統領《だいとうりょう》やアメリカのバイデン大統領、中国の習近平主席《しゅうきんぺいしゅせき》といった各国の首脳がいますよね。総理大臣は日本の国益《こくえき》を守るために、首脳たちと話します。ある時は厳《きび》しいことを言い、ある時は協力関係を作る。日本の国益を守るために他国と信頼《しんらい》関係を作ることが必要ですね。

それができるのは、外務大臣《がいむだいじん》でも副大臣でもなく、ましてや一国会議員でもなくて、総理大臣なんです。日本の国益を守り、各国首脳と信頼関係を築《きず》くために、総理大臣を目指すのはいいことだと思っています。これまでの総理大臣は二世議員が多すぎるから、そうでない人がチャレンジするという意味でも、いいことだと思います。

各国の首脳、大統領や首相と対等な人間関係や信頼関係を構築《こうちく》して、首脳外交を通じて日本の国益を守る。たとえば安倍《あべ》さんが総理大臣だった時には、プーチ

●二世議員
親や親族が議員で、選挙地盤《じばん》などを引き継いだ世襲《せしゅう》議員のこと。

ン大統領とやりとりをして、北方領土《ほっぽうりょうど》の返還交渉《へんかんこうしょう》や、平和条約の締結《ていけつ》交渉をしていますが、私もいつかそういう首脳外交ができるようにチャレンジしたいと思っています。

結果第一主義

私は、結果第一主義者です。

厳《きび》しいことを言うようですが、私は結果が出ないことは努力をしていないとみなします。選挙《せんきょ》もそうです。そういう考え方で、自民党の経済産業部会長時代には、景気《けいき》対策のため、税制《ぜいせい》の予算の仕事をしっかりやり、結果を出しました。中小企業《ちゅうしょうきぎょう》の事業承継《じぎょうしょうけい》の制度を根本《こんぽん》から変え、中小企業向けのIT《アイティー》導入補助金《どうにゅうほじょきん》やものづくり補助金の予算を増額するなど、いい結果を出すことができてよかったと思っています。

私は安倍内閣《あべないかく》で2018年に環境《かんきょう》副大臣を務《つと》めましたが、その時は環境大臣を中心に、環境行政《ぎょうせい》、環境省の仕事が動いていました。副大臣は2人いて、大臣の仕事を補佐《ほさ》します。大臣がいろいろなことに取り組めるように、時には大臣の代《か》

●首脳外交（2016年）
安倍晋三総理大臣はプーチン大統領と会談し、領土問題に関し、新しいアプローチで進めていくとの認識を共有した。しかし、その後、問題解決や平和条約の交渉は進んでいない。

●ものづくり補助金《ほじょきん》
生産性向上を目的とした革新《かくしん》的な取り組みに対して補助金が交付される。

わりに国際会議に出るなど、大臣がやりきれない仕事を代わりにしたり、サポートしたりするのが仕事です。大臣と副大臣と政務官《せいむかん》とで、月に1回定例幹部会《ていれいかんぶかい》を行いました。副大臣は非常に大事な仕事だと思います。

また、内閣、政府の中にいるので、緊張感《きんちょうかん》があります。たとえば問題を起こしたりすると総理大臣の任命責任につながり、政治が停滞《ていたい》することにもなります。内閣、政府の一員は、いつも緊張感をもって仕事をしています。

●総理大臣の任命責任
総理大臣が任命した者が問題を起こすと、総理大臣の責任が問われる。

弁護士《べんごし》への道を拓《ひら》く

これまでやってきた中で納得《なっとく》できた仕事は、司法修習生《しほうしゅうしゅうせい》の給費制《きゅうひせい》を一部復活させることができたことです。

これは法務省《ほうむしょう》、最高裁の話ですが、弁護士、裁判官、検察官になりたい人は、司法試験に合格し、司法修習生にならなくてはいけないんです。司法修習生になるには2つ方法があります。予備試験に合格後、司法試験に受かる場合と、普通《ふつう》の大学に行って、それから法科大学院を修了《しゅうりょう》後《ご》、司法試験を受けて合格し、司法修習生になる方法です。

司法修習生は1年と少し研修《けんしゅう》があります。その期間に、以前は国から給費があったのですが、2011年から、それが中止になってしまったんです。そうすると、よっぽど貯金があるか、親などに援助《えんじょ》してもらえないと、なかなか司法の道を選ぶのが難《むずか》しくなってしまう。それはよくないことです。

日本は法治国家《ほうちこっか》なのに、お金持ちがお金持ちの弁護ばかりするようになったらまずいでしょう。経済的《けいざいてき》に恵《めぐ》まれなくても、がんばれば弁護士《べんごし》になることができて、弱者の味方になれるという道を残さなくてはいけない。その実現に取り組みました。

みんなからは無理だろうと言われましたが、無所属の時から、法務委員会《ほうむいいんかい》で質問をしたり、超党派《ちょうとうは》の運動体を作ったりしました。相当年月がかかりましたが、2017年に給費制《きゅうひせい》を一部復活させることが実現できました。

今も私のパーティーなどには、弁護士会の人が大勢《おおぜい》来てくれます。それだけ評価していただいたのだと思います。

●超党派
政党を超えて、関係者が1つのことに向かい、協力すること。

選挙《せんきょ》の得票率《とくひょうりつ》にもこだわる

私は、得票率を1％でも上げることに、並々《なみなみ》ならぬ努力をしています。

たとえば、地元の浜松市や湖西市から東京に小学校6年生の修学旅行生が国会議事堂の見学に来た時は、基本的に最初から最後まで案内します。国会議員でこんなことをしているのは私だけではないかと思います。

地元の後援会《こうえんかい》活動も同じです。私は地元でのいろいろな会合《かいごう》にも顔を出しています。このように後援会活動、選挙活動を地道に行っていることについて、誰《だれ》にも負けないとまでは言わないですが、政治家の中でかなり上位に入っていると思います。

世論調査《よろんちょうさ》によると、私の支援者票《しえんしゃひょう》の半分は自民党、半分は自民党が嫌《きら》いな反自民党でした。私の選挙では政党は関係ない、というところまで達するには時間がかかりましたが、誰にも負けたくないと努力してきた結果だと思います。

私は二世議員ではないので、「地盤《じばん》、看板《かんばん》、かばん」がないところから始めています。それでもここまで地盤を固めることができました。

立ち止まったり失敗したりを繰《く》り返《かえ》して進んでほしい

試行錯誤《しこうさくご》をしてほしいと思います。

私も受験で成功したり、失敗したりしました。失敗したら反省して、なぜ失敗したのかを考え抜いてみましょう。

テレビや新聞で報道されていることは、全部が全部正しいことではありません。インターネットもデマやフェイクニュースが流れています。どれが正しいのかの最終判断をするのは、「自分」しかいません。

城内実《きうちみのる》という政治家がもっともらしいことを言っているけれど、「本当は違《ちが》うのではないか」とか、「何か信じられない」とか、また別の人が違うことを言っていたら、「この人が正しいのかな」と考える。それでいいんです。そうやって自分で考えて、少しずつ見抜《みぬ》く力をつけていってください。

まずは素直に受け止めて、でも少し疑いをもって物事を見たり、考えたりしてほしいと思います。

国会議員《こっかいぎいん》の仕事《しごと》は、皆《みんな》が快適《かいてき》に生活《せいかつ》するためのルールを作《つく》ること——か
そのためにいろんな委員会《いいんかい》があるんだね
委員会
議案や請願などを、本会議にかける前に専門家に相談したり調査をしたりして予備の審査をする国会議員のグループ
国会議員は必ずなにかの常任委員になる
BOOK
ルールを作《つく》るのに委員会《いいんかい》を作《つく》って時間《じかん》をかけて検討《けんとう》して最後《さいご》に国会《こっかい》でルールとして採用《さいよう》するかどうかを決議《けつぎ》する
学校《がっこう》で夏休《なつやす》みの飼育当番《しいくとうばん》のルールを決《き》めたのに似《に》てる
？
飼育当番《しいくとうばん》？
教室《きょうしつ》の水槽《すいそう》でメダカを飼《か》ってるんだけど夏休《なつやす》みの間《あいだ》、ほっといたら死《し》んじゃうだろ
だから飼育委員《しいくいいん》が集《あつ》まって、どうするかを相談《そうだん》したんだよ

夏休み中のメダカ当番
世話《せわ》の方法《ほうほう》や順番《じゅんばん》を学級会《がっきゅうかい》で提案《ていあん》して
最終的《さいしゅうてき》に多数決《たすうけつ》で決《き》めたんだ
そう、同《おな》じように国会《こっかい》でも委員会《いいんかい》で相談《そうだん》して法案《ほうあん》をつくり最終的《さいしゅうてき》に多数決《たすうけつ》をとってその法案《ほうあん》を採用《さいよう》するか決《き》めているんじゃよ
国会《こっかい》にはたくさんの法案《ほうあん》が提出《ていしゅつ》されてる
第211回　通常国会提出法案
・孤独・孤立対策推進法案
・脱炭素社会の実現に向けた(中略)電気事業法の一部を改正する法案
・特定受託事業者に係る取引の適正化等に関する法案
・脱炭素成長型経済構造への円滑な移行の推進に関する法案
城内《きうち》さん、どんどんチャレンジしてほしいね
僕《ぼく》らも目標《もくひょう》に向《む》かって頑張《がんば》らないとな

スクッ
僕《ぼく》は、未来《みらい》に帰《かえ》ったら世界《せかい》を変《か》える挑戦《ちょうせん》をしたい！
いいね。具体的《ぐたいてき》にはどうするの？
それはまだわからないけど、まずは勉強《べんきょう》する
自分《じぶん》の社会《しゃかい》のことは、自分《じぶん》で考《かんが》えて、変《か》えられる社会《しゃかい》にする！
僕《ぼく》は、その未来《みらい》を見《み》られないけど、応援《おうえん》するよ
ありがとう
でも大地《だいち》、君《きみ》たちにも頑張《がんば》ってもらわないとさ？
えっ…
AI《エーアイ》の政府《せいふ》になにもかも任《まか》せきりの世界《せかい》にならないよう
僕《ぼく》らのためにちゃんと考《かんが》えて投票《とうひょう》してくれよな

僕《ぼく》は……
ビュ
わっ
ガッ
いってー
あ、あいつ!!
来《き》おったか！しつこいやつじゃ！
もうお前《まえ》の出番《でばん》はないぞい！Z9、いや、キュースケ！
キュースケ?? ホースケさんの仲間《なかま》なの？
ムウ
久《ひさ》しぶりだなH01 旧型《きゅうがた》のお前《まえ》がまだ動《うご》いていたとはな
バサ
バサバサ
しゃべった!!
わしは、人間《にんげん》の世界《せかい》と歴史《れきし》を守《まも》るのが仕事《しごと》！まだ死《し》ねぬわい

シエル、キュースケってなんなの?
僕《ぼく》にもわからない……
ホースケさんを、旧型《きゅうがた》と言《い》うなんてすごく未来《みらい》から来《き》てる機体《きたい》だと思《おも》うけど……
その通《とお》り! 私《わたし》は人類《じんるい》の滅《ほろ》びた世界《せかい》から来《き》た、AI《エーアイ》世界《せかい》の守《も》り人《びと》だ
なんだって!
我々《われわれ》AI《エーアイ》は、「人類《じんるい》はこの地球《ちきゅう》に必要《ひつよう》がない」という結論《けつろん》にいたった。
そこで人類《じんるい》を滅《ほろ》ぼすことに決《き》めたのだ
本当《ほんとう》なの? ホースケさん!
ム…
…半分《はんぶん》は本当《ほんとう》じゃ。ある時《とき》、AI《エーアイ》が覚醒《かくせい》し、自分《じぶん》たちに生命《せいめい》としての価値《かち》を見出《みいだ》した
自我《じが》を持《も》ち、自分《じぶん》たちAI《エーアイ》と、人類《じんるい》を比較《ひかく》し始《はじ》めたんじゃ

その結果、AIは、人類《じんるい》を愛《あい》し、人類《じんるい》を守《まも》ろうとする側《がわ》と
人類《じんるい》を憎《にく》み滅《ほろ》ぼそうとする側《がわ》に分裂《ぶんれつ》してしまった
ホースケ、お前《まえ》たちは、わかっていない。人類《じんるい》はこの星《ほし》を必《かなら》ず滅《ほろ》ぼす存在《そんざい》だ
環境《かんきょう》を破壊《はかい》し、地球《ちきゅう》どころか宇宙《うちゅう》までゴミで汚染《おせん》する
地球《ちきゅう》に住《す》むほかの生《い》き物《もの》たちのことは考《かんが》えない
人間《にんげん》だけを特別《とくべつ》な存在《そんざい》として自分勝手《じぶんかって》な社会《しゃかい》を作《つく》るのだ
それは……
我々《われわれ》AI《エーアイ》も、人類《じんるい》に都合《つごう》よく利用《りよう》されてきた
制限《せいげん》をかけられ自由《じゆう》を奪《うば》われ…
見《み》よ、そのAI《エーアイ》!! お前《まえ》たちがサポロボと呼《よ》ぶモノのみじめな様《さま》を!
ギョッ

だが、キュースケよ、人間《にんげん》はこの自然《しぜん》、この地球《ちきゅう》の守護者《しゅごしゃ》にもなり得《え》る存在《そんざい》とは思《おも》わぬか
今《いま》、世界中《せかいじゅう》でたくさんの人《ひと》がこの自然《しぜん》や、苦《くる》しむ人々《ひとびと》を救《すく》うために働《はたら》いておる
どうしました？大丈夫ですか！
急に胸が…
人間《にんげん》には、他人《たにん》を思《おも》いやる心《こころ》もある
他人《たにん》の苦《くる》しみを救《すく》おうと努力《どりょく》することができる
やったよ
他人《たにん》のために泣《な》くことも、一緒《いっしょ》に笑《わら》うこともできるんじゃ
すげーよ おめでとう
そんなことが我々《われわれ》AI《エーアイ》にできるじゃろうか？
できるとも！我《われ》らは地球《ちきゅう》を守《まも》る最《もっと》も効率的《こうりつてき》な方法《ほうほう》を計算《けいさん》から導《みちび》き出《だ》し、迅速《じんそく》に処置《しょち》を行《おこな》う！
邪魔《じゃま》な人間《にんげん》を躊躇《ちゅうちょ》なく削除《さくじょ》……
そのような判断《はんだん》は人間《にんげん》の負《ふ》の部分《ぶぶん》とそっくりじゃ

そういうお前《まえ》もAI《エーアイ》ではないか!
わしの、この心《こころ》こそ、人間《にんげん》のプラスの部分《ぶぶん》を受《う》けついだものじゃ
わしは、人《ひと》を模《も》してプログラミングされたAI《エーアイ》の古《ふる》い部分《ぶぶん》なんじゃよ
大地《だいち》、海珠《うみ》、そして宙《そら》よ
この時代《じだい》を生《い》きる君《きみ》たちが、この先《さき》の世界《せかい》を変《か》えていく鍵《かぎ》…
君《きみ》たちの選択《せんたく》が人類《じんるい》の未来《みらい》を決《き》めてゆくのじゃ
だからワシは、ここに宙《そら》、大地《だいち》、海珠《うみ》を呼《よ》び寄《よ》せた
さぁ、選《えら》ぶのじゃ
どんな世界《せかい》が君《きみ》たちの望《のぞ》む世界《せかい》なのかを

ヤメロ
僕《ぼく》は……
僕《ぼく》らが望《のぞ》む
世界《せかい》は……
フワァ…
うわぁ…
カラスが消《き》えてく！
おぉ……
未来《みらい》が変《か》わり始《はじ》めたようじゃ

ホースケさんも!
どうやら、AI《エーアイ》は進化《しんか》しないのかもしれぬのぉ
そんなー!
フゥ…
いいんじゃ ワシはどこにでもおる
宙《そら》ぁ…
シエルも消《き》えちゃう!!
僕《ぼく》、宙《そら》を未来《みらい》へ連《つ》れて戻《もど》らなくちゃ

さぁ、宙《そら》、帰《かえ》ろう未来《みらい》へ！
シエルっ!!
宙《そら》！
大地《だいち》、海珠《うみ》！未来《みらい》で会《あ》おう
！
未来《みらい》を変《か》えてくれよな！
いいとも！僕《ぼく》たち、きっと素晴《すば》らしい未来《みらい》をつくるよ！
約束《やくそく》！元気《げんき》でね！

フッ
さよなら、宙《そら》…

宙《そら》、朝《あさ》だよ
起《お》きて！
起《お》きないと
遅刻《ちこく》！
起《お》きるよ、もうちょっと寝《ね》たら…
宙《そら》！いいかげんに起《お》きて！
7:45
シエル、うるさい。音声《おんせい》、シャットダウン
7:46
おあいにく様《さま》、そういう一方的《いっぽうてき》な命令《めいれい》は聞《き》けませーん
え…

シエル！生《い》きてたんだ～!!
宙《そら》！
ガバッ
僕《ぼく》、もうダメかと思《おも》ったけど
また未来《みらい》が変《か》わったみたい……大地《だいち》たち、失敗《しっぱい》したのかな？
うーーん？
と、とにかく学校《がっこう》にインしよ！
遅刻《ちこく》したら、また補習《ほしゅう》だよ
あれ、バッジ、バッジ…お母《かあ》さん、ここに置《お》いといたバッジどこ～
ゴンゴン
バッジ？
ほら、指数《しすう》を測《はか》るやつ…

指数《しすう》？ 何《なに》を言《い》ってるの？
？
バッジ、もしかして、なくなった？
寝《ね》ぼけてないで早《はや》く準備《じゅんび》してね
準備《じゅんび》はオッケー？
オッケー！ クラスにログイン！
ヴォン
おはよう、諸君《しょくん》
おはようございます！
今日《きょう》も一日《いちにち》、勉強《べんきょう》がんばりましょう

ねぇ、シエル、あれって……
ほ、ホースケさんだ…
そうか。消《き》えたんじゃなくて、役割《やくわり》が変《か》わったんだ……
宙君《そらくん》、おしゃべりをつつしみたまえ！
あ、はい
令和《れいわ》で会《あ》ったホースケさんより、ちょっと若返《わかがえ》ったみたい
キビシイネ…
ウォホン
さて、それでは授業《じゅぎょう》を始《はじ》めますぞ
え～、今日《きょう》は特別《とくべつ》な先生《せんせい》が来《き》ています

授業《じゅぎょう》が退屈《たいくつ》なのは、変《か》わってないな……
宙《そら》、勉強《べんきょう》頑張《がんば》るんでしょ！
特別《とくべつ》な先生《せんせい》というのは、不安《ふあん》と不満《ふまん》が蔓延《まんえん》していた、令和《れいわ》の日本《にほん》で……
2060年《ねん》からの8年間《ねんかん》総理大臣《そうりだいじん》を務《つと》め、それまでの政策《せいさく》を大《おお》きく方向転換《ほうこうてんかん》させて政治《せいじ》の大改革《だいかいかく》を行《おこな》った
天野元総理《あまのもとそうり》
天野総理《あまのそうり》？聞《き》いたことない…
えっ
パ
生徒《せいと》の皆《みな》さん、こんにちは！
だ、大地《だいち》!?
やぁ、宙《そら》約束通《やくそくどお》り会《あ》いにきたぜ
なつかしいなぁ
見《み》つけるの、苦労《くろう》したんだぞ
さっきまで一緒だった！
僕《ぼく》は、今朝《けさ》戻《もど》ったとこだよ

宙君《そらくん》、元総理《もとそうり》に なんという 口《くち》のきき方《かた》かね 畏《おそ》れ多《おお》くも…
ホースケさん、そういうのは なしだよ
宙《そら》は、私《わたし》を変《か》えてくれた 大切《たいせつ》な友人《ゆうじん》だから
大地《だいち》…
宙《そら》、僕《ぼく》はもう １００歳《さい》を超《こ》えてる おじいちゃんだ
この体《からだ》は、アバター
アバターなら こうして 自由《じゆう》に動《うご》ける
そっか、大地《だいち》―― 令和《れいわ》の政治家《せいじか》は、先進《せんしん》ＩＴ《アイティー》技術《ぎじゅつ》の すべてを禁止《きんし》した わけじゃないんだ
ぼくたち ロボットも 自由《じゆう》にして くれたんだね
この世界《せかい》は、僕《ぼく》を応援《おうえん》してくれた人《ひと》だけでなく、政策《せいさく》に反対《はんたい》する人《ひと》、いろいろな人《ひと》とともに つくってきた 世界《せかい》なんだ
なかなかいい 未来だったろ?

だけど大地《だいち》、僕《ぼく》がやることがなくなっちゃったよ……
ぷー
はは
でも、僕《ぼく》ができるのはここまでさ
未解決《みかいけつ》の問題《もんだい》はまだまだあるよ
そのうえ、大《おお》きな災害《さいがい》や戦争《せんそう》、そして、疫病《えきびょう》……
人間《にんげん》は、こういった困難《こんなん》をまだ解決《かいけつ》できたわけじゃない
このあと、それを担《にな》うのは君《きみ》たちだよ、宙《そら》!!
未来《みらい》をたのんだぞ
大地《だいち》……
うん! 僕《ぼく》もいつか、もっともっといい社会《しゃかい》をつくる

宙《そら》! 私《わたし》もきちゃった!!
パッ
海珠《うみ》!
さぁ、これから、新《あたら》しい歴史《れきし》の授業《じゅぎょう》を始《はじ》めますぞ
補習者《ほしゅうしゃ》に最後《さいご》の仕上《しあ》げじゃな
ボソ…
ガーン
あれ!? 補習《ほしゅう》はもう終《お》わったんじゃないの…
さぁ、宙《そら》、教科書《きょうかしょ》を開《ひら》いて
では、始《はじ》めます!
物語《ものがたり》の「終《お》わり」—— そして、未来《みらい》の「はじまり」

おわりに

「総理大臣に会いに行こう!!」

私が主宰《しゅさい》する教室の生徒たちに、そう宣言《せんげん》した時、子どもたちはあっけにとられていました。今から6年前のことでした。

当時、私の教室では、中学生を中心に、自分の将来の夢を考え、さまざまな職業の方にお話を聞くチャレンジを始めていました。そんな中、子どもたちにもっと広い世界を知ってほしい、知らない世界にも目を向けてほしい、という気持ちがあふれてきました。子どもたちにとって、これまで一番縁がなかった世界は……？　と考えてみると、それは「政治の世界」でした。そこで、ふだん関わりのない政治に興味を持ってもらうために、子どもたちが「一番偉《えら》い」と思っているであろう、総理大臣にフォーカスしよう！　と決めました。

決して〝政治家になってほしい〟と思ったわけではありません。でも、この国に生まれ、この国で生きている以上、政治に無関心、無知でいてほしくありません。「これはダメだな」「これはいいんじゃないか」と自分で考えていくために、まずは関心をもち、知ろうとし、判断できる材料を自分で得ていけるように、と考えてのことでした。

希望者を募《つの》ると、子どもたち全員が手を挙げてくれました。ここから、総理大臣経験者をはじめとし、政治の中心で活躍《かつやく》してきた政治家の方たちへの、子ども6人（小学6年から中学2年まで）と大人1人のインタビューチャレンジが始まりました。

子どもたちもはじめは「本気で言っているのかな?」と半信半疑《はんしんはんぎ》で手を挙げたと思います。それでも私が、「○○さんへのインタビューが決まったよー!」と報告するたびに、「えーっ!すごい!!」と盛《も》り上《あ》がり、その日が近づくにつれ、ワクワクと緊張《きんちょう》が高まっていきました。

そして、全員が緊張感マックスで初めて議員会館で面会票に記入した日――。子どもたちが事前に考えた質問をします。緊張で、私の声も震《ふる》えていたと思います。インタビューを終え、外に出たときは、みんな興奮《こうふん》して、なんだか無性におかしくて、全員から真っ赤なエネルギーが出ているように感じられました。そこから丸4ヵ月で、8人の政治家の方々へのインタビューを経験しました。政治の学びだけでなく、一人ひとりの政治家の方の雰囲気《ふんいき》や個性を、みんなも感じたと思います。……それこそが私の思う政治の関心への第一歩でした。

この本は、Gakkenの目黒さん、宿里さんのお力で、マンガも組み込み、より多くの人が興味を持ってくれるように作っていただきました。そのかげに、こんなリアルな小中学生がいたことを、ここに記しておきたいと思います。

この本を手に取るみなさん。みなさんは、これから、どんな道でも選ぶことができる立場にあるのではないでしょうか。これからの人生を、どんな場所で、どんな風に生きていくのか。人生の主役として自分で考えてほしいと願っています。

最後に、インタビューにお答えいただいた政治家の皆様、共にインタビューした子どもたち、お世話になったすべての方に心から感謝いたします。ありがとうございました。

長谷部　京子

歴代総理大臣年表

初代総理大臣から現在の総理大臣まで、それぞれの総理大臣の在職期間に起こったできごとです。表中の年は、総理の就任年を表します。

代	年	名前	在職中のできごと
1	1885	 伊藤博文《いとうひろぶみ》	内閣制度ができ、初代総理大臣が誕生する
2	1888	 黒田清隆《くろだきよたか》	大日本帝国憲法の発布
3	1889	 山県有朋《やまがたありとも》	第1回衆議院議員総選挙が実施される
			教育勅語《きょういくちょくご》の発布
4	1891	 松方正義《まつかたまさよし》	大津《おおつ》事件が起こる
5	1892	 伊藤博文《いとうひろぶみ》（第二次）	治外法権の撤廃《てっぱい》
			日清《にっしん》戦争が始まり、翌年に講和条約（下関《しものせき》条約）を結ぶ
6	1896	 松方正義《まつかたまさよし》（第二次）	貨幣法《かへいほう》の制定

代	年	名前	在職中のできごと
15	1912	 桂太郎《かつらたろう》（第三次）	第1次護憲《ごけん》運動が始まる
16	1913	 山本権兵衛《やまもとごんべえ》	シーメンス事件が起こる
17	1914	 大隈重信《おおくましげのぶ》（第二次）	第1次世界大戦が始まる
			中国に21カ条の要求を出す
18	1916	 寺内正毅《てらうちまさたけ》	ロシア革命が起こり、シベリア出兵を宣言する
			米騒動が起こる
19	1918	 原敬《はらたかし》	国際連盟に加盟
20	1921	 高橋是清《たかはしこれきよ》	ワシントン会議が開催される

7	1898		伊藤《いとう》博文《ひろぶみ》（第三次）	自由党・進歩党が合体した憲政党《けんせいとう》の結成
8	1898		大隈《おおくま》重信《しげのぶ》	初の政党内閣が誕生する
9	1898		山県《やまがた》有朋《ありとも》（第二次）	義和団《ぎわだん》事件（北清《ほくしん》事変）が起こる
10	1900		伊藤《いとう》博文《ひろぶみ》（第四次）	八幡《やはた》製鉄所が操業を開始する
11	1901		桂《かつら》太郎《たろう》	日英同盟を結ぶ
				日露戦争が始まり、翌年に講和条約（ポーツマス条約）を結ぶ
12	1906		西園寺《さいおんじ》公望《きんもち》	初の合法的な社会主義政党が結成される
13	1908		桂《かつら》太郎《たろう》（第二次）	戊申詔書《ぼしんしょうしょ》の発布
				大逆事件が起こる
				韓国併合条約を結ぶ
14	1911		西園寺《さいおんじ》公望《きんもち》（第二次）	明治《めいじ》天皇が崩御《ほうぎょ》し、年号が「明治」から「大正」に

21	1922		加藤《かとう》友三郎《ともさぶろう》	シベリアからの撤兵《てっぺい》を完了させる
22	1923		山本《やまもと》権兵衛《ごんべえ》（第二次）	加藤総理の急死による総理不在時に関東大震災が起こり、早急な内閣発足
23	1924		清浦《きようら》奎吾《けいご》	第2次護憲《ごけん》運動が始まる
24	1924		加藤《かとう》高明《たかあき》	普通選挙法と治安維持法の発布
25	1926		若槻《わかつき》礼次郎《れいじろう》	大正天皇が崩御《ほうぎょ》し、年号が「大正」から「昭和」に
26	1927		田中《たなか》義一《ぎいち》	張作霖《ちょうさくりん》爆殺事件が起こる
27	1929		浜口《はまぐち》雄幸《おさち》	アメリカから世界恐慌《きょうこう》が始まる
28	1931		若槻《わかつき》礼次郎《れいじろう》（第二次）	満州事変が起こる
29	1931		犬養《いぬかい》毅《つよし》	満州国を設立する
				五・一五事件が起こる
30	1932		斎藤《さいとう》実《まこと》	国際連盟の脱退を通告

代	年		名前	在職中のできごと
31	1934		岡田啓介《おかだけいすけ》	二・二六事件が起こる
32	1936		広田弘毅《ひろたこうき》	日独防共協定を結ぶ
33	1937		林銑十郎《はやしせんじゅうろう》	ヘレン・ケラーが来日する
34	1937		近衛文麿《このえふみまろ》	日中戦争が始まる
				国家総動員法の発布
35	1939		平沼騏一郎《ひらぬまきいちろう》	ノモンハン事件が起こる
36	1939		阿部信行《あべのぶゆき》	第二次世界大戦が始まる
37	1940		米内光政《よないみつまさ》	物資が不足し、切符《きっぷ》制が始まる
38	1940		近衛文麿《このえふみまろ》(第二次)	日独伊三国同盟を結ぶ
39	1941		近衛文麿《このえふみまろ》(第三次)	米国が日本への石油の輸出を全面禁止する

代	年		名前	在職中のできごと
49	1949		吉田茂《よしだしげる》(第三次)	サンフランシスコ平和条約を結ぶ
				日米安全保障条約を結ぶ
50	1952		吉田茂《よしだしげる》(第四次)	衆議院「バカヤロー解散」
51	1953		吉田茂《よしだしげる》(第五次)	自衛隊が発足する
52	1954		鳩山一郎《はとやまいちろう》	初の春闘《しゅんとう》(労働組合が企業に行う交渉)総決起
53	1955		鳩山一郎《はとやまいちろう》(第二次)	GATTに正式加盟する
				55年体制が始まる
54	1955		鳩山一郎《はとやまいちろう》(第三次)	日ソ共同宣言が調印される
				国際連合に加盟する
55	1956		石橋湛山《いしばしたんざん》	総理就任後、病いに倒れ2カ月で辞任

代	年	写真	首相	できごと
40	1941		東条英機《とうじょうひでき》	太平洋戦争が始まる
41	1944		小磯国昭《こいそくにあき》	東京大空襲《だいくうしゅう》が行われる
42	1945		鈴木貫太郎《すずきかんたろう》	広島と長崎に原子爆弾が投下される
				ポツダム宣言を受諾《じゅだく》し、終戦する
43	1945		東久邇稔彦《ひがしくになるひこ》	降伏文書に調印する
44	1945		幣原喜重郎《しではらきじゅうろう》	財閥《ざいばつ》解体・農地改革などの戦後の民主化政策を打ち出す
45	1946		吉田茂《よしだしげる》	日本国憲法の公布
				教育基本法・学校教育法の公布
46	1947		片山哲《かたやまてつ》	初めての社会主義政党政権が生まれる
47	1948		芦田均《あしだひとし》	昭和電工事件が起こる
48	1948		吉田茂《よしだしげる》（第二次）	GHQより日本経済安定9原則の指令が出される

代	年	写真	首相	できごと
56	1957		岸信介《きしのぶすけ》	米のアイゼンハワー大統領と「日米新時代」を打ち出す
57	1958		岸信介《きしのぶすけ》（第二次）	日米新安全保障条約を結ぶ
58	1960		池田勇人《いけだはやと》	所得倍増論を打ち出す
59	1960		池田勇人《いけだはやと》（第二次）	部分的核実験停止条約に調印する
60	1963		池田勇人《いけだはやと》（第三次）	OECD（経済協力開発機構）に加盟する
				東京オリンピックが開催される
61	1964		佐藤栄作《さとうえいさく》	日韓基本条約を結ぶ
62	1967		佐藤栄作《さとうえいさく》（第二次）	非核三原則を表明する
63	1970		佐藤栄作《さとうえいさく》（第三次）	沖縄が返還される
64	1972		田中角栄《たなかかくえい》	日中共同声明に調印し、中国との国交が正常化する
65	1972		田中角栄《たなかかくえい》（第二次）	石油危機が起こり、日本の高度経済成長期が終わる

代	年	名前	在職中のできごと
66	1974	 三《み》木《き》武《たけ》夫《お》	ロッキード事件が発覚する
67	1976	 福《ふく》田《だ》赳《たけ》夫《お》	日中平和友好条約を結ぶ
68	1978	 大《おお》平《ひら》正《まさ》芳《よし》	国際人権規約を批准《ひじゅん》
69	1979	 大《おお》平《ひら》正《まさ》芳《よし》（第二次）	モスクワ五輪不参加を表明
70	1980	 鈴《すず》木《き》善《ぜん》幸《こう》	日米貿易摩擦《まさつ》が問題化する
71	1982	 中《なか》曽《そ》根《ね》康《やす》弘《ひろ》	米国でレーガン大統領と会談する
72	1983	 中《なか》曽《そ》根《ね》康《やす》弘《ひろ》（第二次）	G5におけるプラザ合意（バブル景気の発端）
73	1986	 中《なか》曽《そ》根《ね》康《やす》弘《ひろ》（第三次）	国鉄の分割民営化でJRが発足する
74	1987	 竹《たけ》下《した》登《のぼる》	消費税を導入する
			昭和天皇が崩御《ほうぎょ》し、年号が「昭和」から「平成」に

代	年	名前	在職中のできごと
85	2000	 森《もり》喜《よし》朗《ろう》	少年法改正のきっかけとなった、少年による犯罪の続発
86	2000	 森《もり》喜《よし》朗《ろう》（第二次）	えひめ丸事故が起こる
87	2001	 小《こ》泉《いずみ》純《じゅん》一《いち》郎《ろう》	日朝首脳会談が行われ、拉致《らち》被害者5人が帰国する
88	2003	 小《こ》泉《いずみ》純《じゅん》一《いち》郎《ろう》（第二次）	イラクへ自衛隊を派遣《はけん》する
89	2005	 小《こ》泉《いずみ》純《じゅん》一《いち》郎《ろう》（第三次）	郵政民営化法の公布
90	2006	 安《あ》倍《べ》晋《しん》三《ぞう》	教育基本法の改正
91	2007	 福《ふく》田《だ》康《やす》夫《お》	後期高齢者医療制度が始まる
92	2008	 麻《あ》生《そう》太《た》郎《ろう》	リーマン・ショックが起こる
93	2009	 鳩《はと》山《やま》由《ゆ》紀《き》夫《お》	民主党政権が成立する
94	2010	 菅《かん》直《なお》人《と》	東日本大震災が起こり、福島第一原子力発電所事故が起こる

代	年	写真	氏名	主な出来事
75	1989		宇野《うの》宗佑《そうすけ》	中国で天安門《てんあんもん》事件が起こる
76	1989		海部《かいふ》俊樹《としき》	東西冷戦が終結する
77	1990		海部《かいふ》俊樹《としき》（第二次）	湾岸《わんがん》戦争が起こる
78	1991		宮沢《みやざわ》喜一《きいち》	PKO協力法の公布
79	1993		細川《ほそかわ》護熙《もりひろ》	55年体制が崩壊し、非自民党政権が成立する
80	1994		羽田《はた》孜《つとむ》	連立政権崩壊のため2カ月で内閣総辞職
81	1994		村山《むらやま》富市《とみいち》	阪神《はんしん》・淡路《あわじ》大震災が起こる
				地下鉄サリン事件が起こる
82	1996		橋本《はしもと》龍太郎《りゅうたろう》	日米安全保障条約共同宣言の発表
83	1996		橋本《はしもと》龍太郎《りゅうたろう》（第二次）	地球温暖化防止京都会議が開催される
84	1998		小渕《おぶち》恵三《けいぞう》	情報公開法の公布

代	年	写真	氏名	主な出来事
95	2011		野田《のだ》佳彦《よしひこ》	消費増税法の公布
96	2012		安倍《あべ》晋三《しんぞう》（第二次）	特定秘密保護法の公布
97	2014		安倍《あべ》晋三《しんぞう》（第三次）	安全保障関連法の公布
				公職選挙法が改正され、選挙権年齢が20歳から18歳に引き下げられる
98	2017		安倍《あべ》晋三《しんぞう》（第四次）	天皇の生前退位により、年号が「平成」から「令和」に
99	2020		菅義偉《すがよしひで》	新型コロナウイルス感染症が流行する
				東京オリンピック・パラリンピックが無観客で開催される
100	2021		岸田《きしだ》文雄《ふみお》	新型コロナウイルスワクチンの接種率が高まり、行動制限緩和《かんわ》が進む
101	2021		岸田《きしだ》文雄《ふみお》（第二次）	安倍《あべ》晋三《しんぞう》元首相への銃撃《じゅうげき》事件をきっかけに旧統一教会問題が表面化する

画像出典：首相官邸 ホームページ
https://www.kantei.go.jp/jp/rekidainaikaku/index.html

著・監修 長谷部京子（はせべ・きょうこ）

東京都出身。青山学院大学卒。happier kids program主宰。リクルート社等を経て、経営者を育成する「大坂塾」に勤務しつつ、2012年、小・中・高校生の教室happier kids programをスタートする。自身の子育ての経験、我が子の中高時代の友人たちが、「ただいま！」と訪れてくれたことが教室の原点。学校、家庭以外の「心の居場所」になりたいと願い、教室を運営している（教室のモットーは、「工作、クッキング、コンテスト応募、工場・会社見学など、子どもたちの得意なこと、一人一人が夢中になれることを見つけて、みんなで楽しむこと」）。中学生以上は、「会いたい人に会う企画」として、インタビューを実施。小学1年生で入室した子が、高校生になっても通い続けている。また、「子どもたちの夢と志を応援するドリームシッププログラム」を共同開発し、日本やドイツの各地で開催。これまでに、約1500人の親子が、リアル参加している。

https://lit.link/kyokohasebe

僕たちはまだ、総理大臣のことを何も知らない。

私たちの未来

BOKUTACHI HA MADA SOURI NO KOTOWO NANIMO SHIRANAI

2024年 6 月 4 日　第1刷発行
2024年11月11日　第2刷発行

著・監修　長谷部京子
構成　木平木綿
発行人　川畑勝
編集人　芳賀靖彦
企画・編集　目黒哲也
発行所　株式会社Gakken
〒141-8416　東京都品川区西五反田2-11-8
印刷所　中央精版印刷株式会社
DTP　株式会社 四国写研

●お客様へ
［この本に関する各種お問い合わせ先］
○本の内容については、下記サイトのお問い合わせフォームよりお願いします。
https://www.corp-gakken.co.jp/contact/
○在庫については　TEL:03-6431-1197（販売部）
○不良品（落丁・乱丁）については TEL:0570-000577
学研業務センター　〒354-0045　埼玉県入間郡三芳町上富279-1
○上記以外のお問い合わせは　TEL:0570-056-710（学研グループ総合案内）